不良資産処分による
事業承継対策

FAソリューションズ(有)
取締役社長・公認会計士　福島　朋亮

公認会計士・税理士　佐藤信祐事務所
公認会計士・税理士　佐藤　信祐

清文社

はじめに

第二次世界大戦後に事業を興された経営者の方々の中には、ご子息への事業承継を行うべき時期が到来している方々も大勢いらっしゃると思われます。

事業承継を行う場合には、対象となる非上場会社の株式を後継者に引き継がせることが必要になるため、換金性に乏しいにもかかわらず、多額の相続税の負担を強いられることが多いと考えられます。そのため、事業承継対策の１つとして、相続税の節税対策が挙げられ、過去の実務においても、多くの専門家により様々な手法が採られてきました。

非上場株式の評価においては、財産評価基本通達に基づいて、類似業種比準価額、純資産価額等により算定されるため、どのようにこれらの価額を引き下げるのかがポイントになります。また、一般的には不良資産の処分等を行うことでこれらの価額を引き下げることができると言われています。

そのため、理論的には、事業承継対策を行うためには、実態純資産の調査、将来の事業計画の策定を十分に行って、どのような対策を行うことができるのかを検討する必要があります。また、私どもの経験では、会計監査やデューデリジェンスの技法を応用することで、このような目的を達成することができると考えております。

しかし、実際の実務においては、相続税対策としての様々な手法が生み出されたこともあり、このような調査をほとんど行わず、金融商品、不動産、組織再編、持株会等を利用した安易な事業承継対策が広く行われており、結果として会社の収益力を弱めてしまっているケースも少なくありません。

もちろん、このような相続税対策については、会社の事業目的に沿ったものであれば、事業承継対策としても極めて有効であり、多額の相続税を節税することも可能であるため、それ自体を否定するつもりはありません。しかしながら、本来であれば、会社の実態純資産の調査、将来の事業計画の策定を行うことで、会社の不良資産の処分、収益力の強化とともに事業承継対策を行うことが基本であり、それでも不十分な場合において、金融商品や不動産を利用した事業承継対策を行うことが本来の姿であると考えています。

本書においては、実態純資産の調査、将来の事業計画の策定を実際にどのように行うのか、そして、どのように事業承継対策に利用していくのかという点についてまとめました。

本書が、公認会計士、税理士、弁護士等の専門家のほか、事業承継対策に悩まれる非上場会社のオーナー、後継者の方々に、お役に立てば幸いです。

なお、本書は、平成19年８月31日までに公表されている法律、政令、省令及び通達をもとに解釈できる範囲内での私見により編集しました。実際の実務においては、個別の事実関係をもとに、各種専門家の意見の指導の下、慎重に対応されることをお勧めします。

最後になりましたが、本書を企画時から刊行まで担当してくださった清文社の橋詰守氏に感謝を申し上げます。

平成19年10月

公認会計士　福島　朋亮

公認会計士
税　理　士　佐藤　信祐

目　次

第2章　実態純資産の調査と事業計画の作成

第3章　実態純資産の調査結果と事業計画の活用と事業承継対策

第4章 債務超過会社における相続税と事業承継対策

【凡例】

法人税法	法法
法人税法施行令	法令
法人税法施行規則	法規
法人税基本通達	法基通
相続税法	相法
相続税法施行令	相令
相続税法施行規則	相規
相続税法基本通達	相基通
財産評価基本通達	財基通
登録免許税法	登免法
消費税法	消法
消費税法施行令	消令
消費税法基本通達	消基通
租税特別措置法	措法
地方税	地法

本書の記述は、平成19年８月31日現在の法令等に依ります。

第 *1* 章

相続税の計算における株価評価の方法

1．相続税対策の必要性

オーナー会社の株式を相続した場合には、その株式は相続財産であることから、相続税の課税対象になる。

もし、その相続する株式の価値が高い場合には、当然のことながら、相続税は多額になってしまう。特に、オーナー会社の株式が相続財産のほとんどを占めているケースも少なくなく、このような場合には、相続税を支払うための資金を会社から借りるか、会社に金庫株として買い取ってもらうなどの手段により、相続税の納税資金を調達することが多い。

しかし、どのような手法により納税資金を調達したとしても、相続税が多額になれば多額になるほど、後継者が会社を経営する際の重荷になることは事実であり、そのため、事業承継対策においては、どのように相続税を節税するのかという点が非常に重要になってくる。

この点につき、金融商品や不動産を利用した相続税対策が多く行われているが、結果的に会社の収益力を弱めているケースも少なくない。分かりやすい例としては、不動産を利用した相続税対策においては、借入金の償還年数を長くしてしまうことから、将来的に、金融機関からの格付けが下がる要因にもなりかねず、多くの企業が企業再生の必要性を金融機関から要請されている。

これに対し、不良資産の処分による相続税対策、すなわち、「いらないものを捨てる」、「相続後に発生すると予測される費用を先取りする」という手法を選択した場合には、会社の収益力を悪化させることはあり得ない。さらに、後述するように、法人税と相続税のダブルの節税効果が期待できることから、財務体質も健全化し、後継者に対して円滑に事業を承継することが可能になる。

本書では、不良資産の処分を通じた具体的な相続対策について解説する。

2．財産評価基本通達による非上場株式の評価

(1)　非上場株式の評価の概要

相続税の計算において、非上場株式をどのように評価するのかという点については、財産評価基本通達に定められている。

実際には、財産評価基本通達においては非上場株式の評価方法について詳細に規定されているが、本書においては、単純なケースとして、オーナー社長(被相続人）が発行済株式総数の全てを保有しており、かつ、後継者（相続人）がその全ての株式について相続することを前提に解説を行う。

財産評価基本通達では、非上場会社（評価会社）を大会社、中会社及び小会社の３つに分類し、後継者が発行済株式総数の全てを相続した場合には、それぞれ以下の方法により非上場株式の評価を行う（財基通179)。

①　大会社

類似業種比準価額方式と純資産価額方式のいずれか高い金額

②　中会社

以下のいずれか低い金額

- 類似業種比準価額と純資産価額の併用方式
- 純資産価額方式

※：併用方式については、類似業種比準価額×L＋純資産価額×（１－L）により計算するが、算式中のＬの折衷割合については、総資産価額（帳簿価額によって計算した金額）及び従業員数又は直前期末以前１年間における取引金額に応じて、それぞれ次に定める割合のうちいずれか大きい方の割合によって計算する。

イ．総資産価額（帳簿価額によって計算した金額）及び従業員数に応ずる割合

卸売業	小売・サービス業	それ以外	割合
14億円以上（従業員数が50人以下の会社を除く）	７億円以上（従業員数が50人以下の会社を除く）	７億円以上（従業員数が50人以下の会社を除く）	0.90

7億円以上（従業員数が30人以下の会社を除く）	4億円以上（従業員数が30人以下の会社を除く）	4億円以上（従業員数が30人以下の会社を除く）	0.75
7,000万円以上（従業員数が5人以下の会社を除く）	4,000万円以上（従業員数が5人以下の会社を除く）	5,000万円以上（従業員数が5人以下の会社を除く）	0.60

ロ．直前期末以前1年間における取引金額に応ずる割合

卸売業	小売・サービス業	それ以外	割合
50億円以上80億円未満	12億円以上20億円未満	14億円以上20億円未満	0.90
25億円以上50億円未満	6億円以上12億円未満	7億円以上14億円未満	0.75
2億円以上25億円未満	6,000万円以上6億円未満	8,000万円以上7億円未満	0.60

③　小会社

以下のいずれか低い金額

- 類似業種比準価額と純資産価額の併用方式
- 純資産価額方式

※：併用方式については、類似業種比準価額×0.5＋純資産価額×0.5により計算する。

(2)　会社規模の判定

財産評価基本通達において、評価会社が大会社、中会社又は小会社のいずれに該当するのかについては、総資産価額、従業員数及び取引金額を判定基礎とし、次の表の通り定められている（財基通178）。

規模区分	区分の内容		総資産価額（帳簿価額によって計算した金額）及び従業員数	直前期末以前1年間における取引金額
大会社	従業員数が100人以上の会社又は右のいずれかに該当する会社	卸売業	20億円以上（従業員数が50人以下の会社を除く）	80億円以上
		小売・サービス業	10億円以上（従業員数が50人以下の会社を除く）	20億円以上

		その他	10億円以上（従業員数が50人以下の会社を除く）	20億円以上
中会社	従業員数が100人未満の会社で右のいずれかに該当する会社（大会社に該当する場合を除く）	卸売業	7,000千万円以上（従業員数が５人以下の会社を除く）	２億円以上80億円未満
		小売・サービス業	4,000千万円以上（従業員数が５人以下の会社を除く）	6,000千万円以上20億円未満
		その他	5,000千万円以上（従業員数が５人以下の会社を除く）	8,000千万円以上20億円未満
小会社	従業員数が100人未満の会社で右のいずれにも該当する会社	卸売業	7,000千万円未満又は従業員数が５人以下	２億円未満
		小売・サービス業	4,000千万円未満又は従業員数が５人以下	6,000千万円未満
		その他	5,000千万円未満又は従業員数が５人以下	8,000千万円未満

このように、従業員数が100人以上であれば、全て、大会社に該当するが、100人未満の場合には、上記の表に従って、大会社、中会社又は小会社のいずれに該当するのかを判定していくことになる。

(3)　類似業種比準価額方式

類似業種比準価額とは、類似業種の株価、１株当たりの配当金額、年利益金額及び簿価純資産価額を基礎とし、次の算式によって計算した金額をいう（財基通180）。

$$A \times \frac{\frac{b}{B} + \frac{c}{C} \times 3 + \frac{d}{D}}{5} \times E$$

【各計算要素】

A；類似業種の株価

B；課税時期の属する年の類似業種の１株当たりの配当金額

b；評価会社の１株当たりの配当金額

C；課税時期の属する年の類似業種の１株当たりの年利益金額

c；評価会社の１株当たりの利益金額

D；課税時期の属する年の類似業種の１株当たりの簿価純資産価額
d；評価会社の１株当たりの簿価純資産価額
E；大会社の場合には0.7、中会社の場合には0.6、小会社の場合には0.5
※：上記算式中の「c」の金額が０の場合には、分母の「５」は「３」として計算する。

なお、この場合における評価会社の配当金額、利益金額及び簿価純資産価額は、具体的に以下のように算定する（財基通183）。

① 配当金額

１株当たりの配当金額＝剰余金の配当金額÷発行済株式総数

注１：剰余金の配当金額は、直前期末以前２年間におけるその会社の剰余金の配当金額を平均した金額とする。
注２：剰余金の配当金額からは、特別配当、記念配当等の名称による配当金額のうち、将来毎期継続することが予想できない金額を除いて計算する。

② 利益金額

１株当たりの利益金額＝法人税の課税所得金額÷発行済株式総数

注１：課税所得金額は、直前期末以前１年間における法人税の課税所得の金額を基礎に計算する。ただし、納税義務者の選択により、直前期末以前２年間の各事業年度の法人税の課税所得金額の平均値とすることができる。
注２：課税所得金額は、以下のように調整計算する必要がある。なお、下記の調整計算の結果、マイナスの金額になる場合には、１株当たりの利益金額は０として類似業種比準価額の計算を行うことになる。

法人税の課税所得の金額
－）非経常的な利益の金額
＋）所得の計算上益金に算入されなかった利益の配当等の額（所得税額に相当する金額は除く）
＋）損金に算入された繰越欠損金の控除額

調整後の課税所得金額

注３：課税所得金額の計算の基礎となった非経常的な損失の金額については、非経常的な利益の金額と異なり、特段の調整は必要ない。そのため、非経常的な損失を多額に発生させた場合には、利益金額を減少することができる。
注４：しかし、注２の計算は、非経常的な利益の金額から非経常的な損失の金額を控除した金額により計算するという点に留意が必要である。具体的には、非経常的な利益が100、非経常的な損失が60の場合には、差額の40のみを課税所得金額から除いて計算することになる。

③　簿価純資産価額

１株当たりの簿価純資産価額＝簿価純資産価額÷発行済株式総数

注１：会計上の簿価純資産価額ではなく、法人税法上の簿価純資産価額により計算する。

注２：簿価純資産価額がマイナスになる場合には、１株当たりの簿価純資産価額は０として類似業種比準価額の計算を行うことになる。

⑷　純資産価額方式

純資産価額方式は、評価会社の全ての資産及び負債を財産評価基本通達に基づいて計算し、時価純資産価額を算定することにより計算する方法である（財基通185）。なお、含み益の42％については、「評価差額に対する法人税等に相当する金額」として時価純資産価額から控除することができる（財基通186－２）。

例えば、時価純資産が500、簿価純資産が100である場合には、含み益が400であることから、その42％に相当する金額の168については、「評価差額に対する法人税等に相当する金額」として取り扱われるため、時価純資産価額は332となる。

このように、純資産価額方式はそれぞれの資産及び負債を財産評価基本通達に基づいて計算することになるが、実務上、以下の点について問題になりやすいため、留意されたい。

❶　棚卸資産

棚卸資産の評価については、財産評価基本通達133において定められており、それぞれ次に掲げるところにより評価することになる。しかし、個々の価額を算定し難い場合には、法人税法上の帳簿価額により評価することも認められている。

①　商品の価額は、その商品の販売業者が課税時期において販売する場合の価額から、その価額のうちに含まれる販売業者に帰属すべき適正利潤の額、課税時期後販売までにその販売業者が負担すると認められる経費（以下「予

定経費」という）の額及びその販売業者がその商品につき納付すべき消費税額（地方消費税額を含む。以下同じ）を控除した金額

② 原材料の価額は、その原材料を使用する製造業者が課税時期においてこれを購入する場合の仕入価額に、その原材料の引取り等に要する運賃その他の経費の額を加算した金額

③ 半製品及び仕掛品の価額は、製造業者がその半製品又は仕掛品の原材料を課税時期において購入する場合における仕入価額に、その原材料の引取り、加工等に要する運賃、加工費その他の経費の額を加算した金額

④ 製品及び生産品の価額は、製造業者又は生産業者が課税時期においてこれを販売する場合における販売価額から、その販売価額のうちに含まれる適正利潤の額、予定経費の額及びその製造業者がその製品につき納付すべき消費税額を控除した金額

しかし、不良在庫を抱えている場合には、実際の時価がかなり低いにもかかわらず、財産評価基本通達に従って評価を行うと、不当に高い評価になることがある。商品、製品については、正味実現可能価額により評価を行うため、見積販売価額を適正に行うことができれば問題がないが、課税当局に認められず、法人税法上の帳簿価額に近い評価額まで引き上げられてしまうケースも考えられることから、相続税の確定申告書を作成する税理士の立場からすると思い切って低い評価額にすることができないというケースも生じ得る。

❷ 貸付金債権

貸付金債権の評価については、財産評価基本通達204、205において定められており、元本部分については券面額により評価されることになる。

しかし、貸付金債権の全部又は一部が、次に掲げる金額に該当するときその他その回収が不可能又は著しく困難であると見込まれるときにおいては、それらの金額は元本の価額に算入しないことができる。

① 債務者について次に掲げる事実が発生している場合におけるその債務者に対して有する貸付金債権等の金額（その金額のうち、質権及び抵当権に

よって担保されている部分の金額を除く）

イ．手形交換所（これに準ずる機関を含む）において取引停止処分を受けたとき

ロ．会社更生手続の開始の決定があったとき

ハ．民事再生法の規定による再生手続開始の決定があったとき

ニ．特別清算の開始命令があったとき

ホ．破産の宣告があったとき

へ．業況不振のため又はその営む事業について重大な損失を受けたため、その事業を廃止し又は６カ月以上休業しているとき

②　再生計画認可の決定、更生計画の決定又は法律の定める整理手続きによらない、いわゆる債権者集会の協議により、債権の切捨て、棚上げ、年賦償還等の決定があった場合において、これらの決定のあった日現在におけるその債務者に対して有する債権のうち、その決定により切り捨てられる部分の債権の金額及び次に掲げる金額

イ．弁済までの据置期間が決定後５年を超える場合におけるその債権の金額

ロ．年賦償還等の決定により割賦弁済されることとなった債権の金額のうち、課税時期後５年を経過した日後に弁済されることとなる部分の金額

③　当事者間の契約により債権の切捨て、棚上げ、年賦償還等が行われた場合において、それが金融機関のあっせんに基づくものであるなど真正に成立したものと認めるものであるときにおけるその債権の金額のうち②に掲げる金額に準ずる金額

このように、多少の回収可能性に疑義があるという程度では券面額により評価せざるを得ないケースが多く、実際の回収可能見込額よりも多額に評価されてしまうケースが少なくないという点に留意が必要である。

❸　土地

土地の評価方法については、財産評価基本通達により細かく定められており、

路線価方式又は倍率方式により評価を行うこととされている。

しかし、土地が値上りしている地域では財産評価基本通達による評価が土地の時価よりも安いケースが多いが、土地が値下りしている地域では、財産評価基本通達による評価が土地の時価よりも高いケースも少なくない。

そのため、財産評価基本通達による評価が土地の時価よりも高い場合には、財産評価基本通達による評価方法ではなく、不動産鑑定評価により、土地の時価を算定し、当該価額により時価純資産価額の算定を行うという方法も考えられ、実際に行われているケースも少なくない。

しかし、不動産鑑定評価による評価方法が認められているケースも多いのは事実であるが、否認事例も多いのも事実である。

そのため、土地の評価方法については、実務上、慎重な対応が必要になる。

❹ 賞与引当金、退職給与引当金

賞与引当金、退職給与引当金のような引当金については、純資産価額の計算上、負債として処理することができない（財基通186）。

ただし、法人税法上、経過措置により認められている退職給与引当金については、負債に含めることが認められるが、実際の退職給付債務に比べて著しく少額であることが一般的である。

❺ 保証債務

保証債務についても、賞与引当金、退職給与引当金と同様に、原則として、債務が確定していないものについては、純資産価額の計算上、負債として処理することができない（相基通14−３）。そのため、例えば、子会社に対する保証債務があり、当該子会社が債務超過である場合であっても、当該保証債務を負債として処理するためには、かなり厳しい要件を満たさなければならないというのが一般的である。

(5) 特定の評価会社の株式

非上場会社の株式の評価は、原則として、前述の評価方法により算定するが、一部において、そのような評価がなじまない法人がある。そのようなケースに対応するために、財産評価基本通達189においては、下記のものを定めている。

❶ 比準要素数１の会社の株式

類似業種比準価額の計算における評価会社の「１株当たりの配当金額」、「１株当たりの利益金額」及び「１株当たり純資産価額」のそれぞれの金額のいずれか２つが０であり、かつ、直前々期末を基準にしてそれぞれの金額を計算した場合において、それぞれの金額のうち、いずれか２つ以上が０になるときは、類似業種比準方式を採用することができず、純資産価額方式により計算することになる（財基通189−２）。

ただし、納税義務者の選択により、類似業種比準価額×0.25＋純資産価額×0.75の併用方式により計算することも認められている。

❷ 比準要素数０の会社の株式

類似業種比準価額の計算における評価会社の「１株当たりの配当金額」、「１株当たりの利益金額」及び「１株当たり純資産価額」のそれぞれの金額の全てが０である場合には、類似業種比準方式を採用することができず、純資産価額方式により計算することになる（財基通189−４）。

注：配当金額及び利益金額については、直前期末以前２年間の実績を反映して判定することになるのであるから留意する。

❸ 株式保有特定会社の株式

株式保有特定会社とは、評価会社の有する総資産価額（相続税評価額）に占める株式等の価額の合計額（相続税評価額）の割合が、以下の割合以上である場合における会社をいう。

① 大会社の場合；25％以上

② 中会社の場合；50％以上

③ 小会社の場合；50％以上

株式保有特定会社に該当した場合には、類似業種比準方式を採用することができず、純資産価額方式により計算することになる（財基通189−3）。

ただし、納税義務者の選択により、S_1+S_2 方式も認められている。この場合におけるS_1、S_2の定義は以下の通りである。

S_1；株式保有特定会社が保有する株式等とその株式等の受取配当がないものとして計算した場合のその会社の原則的評価方法による評価額

S_2；株式保有特定会社が保有する株式等のみをその会社が有する資産であるものとした場合の1株当たりの純資産価額

❹ 土地保有特定会社の株式

土地保有特定会社とは、評価会社の有する総資産価額（相続税評価額）に占める土地等の価額の合計額（相続税評価額）の割合が、以下の割合以上である場合における会社をいう。

① 大会社の場合；70％以上

② 中会社の場合；90％以上

③ 小会社の場合；

業　種	総資産価額	割　合
卸売業	20億円以上	70%以上
	7,000万円以上20億円未満	90%以上
小売業 サービス業	10億円以上	70%以上
	4,000万円以上10億円未満	90%以上
その他	10億円以上	70%以上
	5,000万円以上10億円未満	90%以上

土地保有特定会社に該当した場合には、類似業種比準方式を採用することが

できず、純資産価額方式により計算することになる（財基通189－４）。

❺　その他

その他、下記のものについて特定の評価会社として定められているが、本書においては詳細な解説は省略する。

- 開業後３年未満の会社
- 開業前又は休業中の会社
- 清算中の会社

3．特定事業用資産についての相続税の課税価格の計算の特例等

租税特別措置法において、「小規模宅地等についての相続税の課税価格の計算の特例」が定められており、事業の用に供されている宅地等や居住の用に供されている宅地等について一定の減額措置が認められている。

そのため、非上場株式等についても、原則として、「小規模宅地等についての相続税の課税価格の計算の特例」との選択適用により、「特定事業用資産についての相続税の課税価格の計算の特例」が定められており、一定の減額措置が認められている。さらに、平成19年度税制改正においては、「特定同族株式等に係る相続時精算課税の特例」が創設された。

具体的な要件については、本書においては割愛するが、現行の減額措置では不十分な減額措置であるという批判が多いため、今後はさらなる要件の緩和と減額措置の拡大が検討されていることから、事業承継対策を行う際には、税制改正の動きについても留意する必要がある。

なお、「特定事業用資産についての相続税の課税価格の計算の特例」や「特定同族株式等に係る相続時精算課税の特例」を適用することができたとしても、財産評価基本通達に基づいて算定された非上場株式等の価額から一定の減額を行うということであり、財産評価基本通達に基づく非上場株式等の価額の算定方法が変わるわけではないため、本特例を適用する場合であっても、財産評価基本通達に基づく非上場株式等の価額の引下げを検討すべきという点については何ら変わらないという点についてご留意されたい。

そのため、本書においては、簡便化のために、「特定事業用資産についての相続税の課税価格の計算の特例」、「特定同族株式等に係る相続時精算課税の特例」の適用を受けないことを前提とした解説を行う。

4．通常の決算と実態純資産に差異が生じる理由

オーナー企業の決算については、顧問税理士の指導の下、「中小企業の会計に関する指針」(平成17年８月１日　日本税理士連合会・日本公認会計士協会・日本商工会議所・企業会計基準委員会)に基づいて決算書を作成している場合、もしくは、法人税法の規定に基づいて決算書を作成している場合が多い。

そのため、例えば、不良在庫や不良債権が存在したとしても、法人税法上、評価損の計上が認められないことから、会計上も評価損を計上しないことがほとんどである。その結果、毎期の決算において、顧問税理士が不良在庫や不良債権の存在を確認することは稀であると考えられる。

また、企業が大きくなるにつれ、固定資産の現物管理が不十分になることから、除却済みの固定資産が貸借対照表に計上されてしまうケースも多い。

このようなことから、各事業年度において作成されている貸借対照表については、法人税の確定申告書を作成するという視点からすると適正なものであると考えられるが、「実態純資産」を表していないことが少なくない。

また、会社の規模が大きくなるにつれ、内部の管理体制が不十分になることから、各種決算資料の誤謬が目立つようになる。例えば、売掛金や買掛金の残高のうち、何年も滞留しているものが生じたり、赤残（マイナスの金額）が生じたりすることも少なくない。

さらに、取得原価主義会計の下に作成されている貸借対照表は、時価純資産とは大きく異なることから、例えば、保有している不動産や有価証券の金額については、実態純資産とは異なるものである。

このように、通常の決算において作成されている貸借対照表と実態純資産は大きく異なるものであり、かつ、架空資産、不良資産及び簿外負債などを把握するという意味では、単に保有資産の一部を時価評価するだけでは足りず、実態純資産の調査を実施する必要がある。

5. 実態純資産の調査が事業承継対策に役に立つ理由

(1) 概要

このように、非上場株式の評価については、財産評価基本通達に基づいて、類似業種比準価額方式、純資産価額方式等により評価を行う。そのため、非上場会社を後継者に事業承継を行う際の相続税対策については、それぞれの評価額を引き下げることがポイントになってくる。

なお、類似業種比準価額方式の方が純資産価額方式よりも安く評価されることが一般的であるため、類似業種比準価額方式を利用できる大会社や、併用方式であっても類似業種比準価額の折衷割合を高くすることができる中会社にするための対策をとることが多い。

もちろん、そのこと自体を否定するつもりはないし、相続税対策において極めて有効な手段になることは事実である。例えば、合併、事業譲受けによる会社規模の拡大や借入れによる設備投資等による総資産価額の引上げにより会社規模を拡大することができると言われている。しかしながら、会社の事業内容や財務体質を無視して、むやみに会社規模を変動させることは会社の事業効率を悪化させることに繋がるため、相続税対策のために会社規模を動かすことについては、会社の事業に悪影響を与えないことを前提として行うべきである。そのため、会社規模を増減させることにより株価を引き下げるという手法については、かなり限られたケースのみにおいて実施することができる手法である。

(2) 類似業種比準価額の引下げ

類似業種比準価額の引下げについては、評価会社の１株当たりの配当金額、利益金額又は簿価純資産価額を引き下げることにより行うことができる。

このうち、配当金額については、株主への配当額を減らせばよいため、会社の意思によりいくらでも引き下げることができるが、実務上、配当をしていない会社の方が多いため、評価会社の１株当たりの配当金額を追加的に減らすことが不可能な場合が多い。

次に、利益金額と簿価純資産価額については、会社の保有する資産の含み損の実現、簿外負債の確定により、引き下げることができる。なぜならば、例えば、会社の保有する資産の含み損が１億円であるとして、それを実現させた場合には、税務上の簿価純資産価額を１億円引き下げることができる。さらに、利益金額についても、非経常的な利益がある場合には多少の調整はあるが、通常の場合には、特別損失を認識することによりその年度の利益金額を引き下げることができる。

このように、会社の保有する資産の含み損の実現、簿外負債の確定により、類似業種比準価額を引き下げることができるし、これらの対策は法人税の節税対策と一体となっているため、法人税と相続税の両方の節税を一度に行うことができるというメリットがある。

なお、具体的な資産の含み損や簿外負債としては以下のようなものがある。

① 不良在庫、滞留在庫の処分
② 不良債権の処分
③ 遊休固定資産の除却
④ 含み損を有する不動産、有価証券等の売却
⑤ 赤字子会社の整理・支援
⑥ 税務上、加算処理している引当金の認容減算（債務の確定化）

上記の内容については、税務上の簿価純資産価額と会社の実態純資産との間に差異があるために生じるものである。例えば、不良在庫が１億円あった場合には、税務上の簿価純資産価額の計算では１億円と評価されていたとしても、不良在庫であることから、実態純資産の計算では０円と評価されることになる。このような場合には、当該不良在庫を除却することにより、簿価純資産価額と利益金額を減らすことが可能になる。

しかし、会社を長く経営していると経営者や経理責任者の目が財務内容の詳細なレベルまで行き届かなくなることが一般的であることから、日常業務の中では、会社にどれくらいの不良資産、含み損資産及び簿外負債等があるのかが分からないことが多い。また、法人税の確定申告書を作成している経理担当者、顧問税理士においても、毎年の決算書や申告書を正しく作ることを主眼に置いていることから、会社の不良資産、含み損資産及び簿外負債等の処理というものに目を向けていないことも多い。

そのため、相続税対策を行う場合には、会社の簿価純資産価額と本来の実態純資産との間にどれくらいのズレがあるのかを明らかにするために、会社の実態純資産の調査を行い、当該調査結果に基づいて、不良資産、含み損資産及び簿外負債等の処理を随時行っていくというのが効果的な方法である。

さらに、将来に発生すると見込まれている設備投資や修繕を早期に行うことについても、類似業種比準価額を引き下げるために効果的である。これは、設備投資を行うことで減価償却費が増加することや、修繕の実施により修繕費が増加することから、会社の利益金額を引き下げることができるからである。

減価償却費や修繕費が計上されるという点については、その発生時点における利益金額の範囲内で行うことが必要になるため、会社の将来の損益計算書がどのようになるのかを予測しながら行う必要があり、かつ、設備投資や大規模修繕を行うとなると金融機関からの借入れが必要になることもあるが、将来のキャッシュフローがどのようになるのかを金融機関に明示し、計画通りに弁済できる形にする必要がある。そのため、将来の事業計画の策定が相続税対策において必要になる場面が増えていくと考えられる。

なお、税務対策のために設備投資や修繕を行う場合には、過度な設備投資や修繕を行いがちであるが、あくまでも、将来において必要となる設備投資や修繕を早期に行うというレベルで留めないと無駄な支出を招くことになるため、相続税対策とはいっても、ある程度の経費削減とのバランスのもとに行うべきであることは留意が必要である。

※：さらに、相続税を引き下げたとしても、ゼロにはできないことがほとんどであることから、ある程度の相続税の支払いが必要になることが一般的であるため、相続税の納税資金をどのようにするのかという対策が必要になる。また、株価が低い時点で生前贈与を行うような場合には、相続時精算制度を使ったとしても、非課税枠を超える部分については納税資金が必要になることが多い。そのような場合には、相続税の納税資金の弁済計画を含めて、将来の事業計画の策定を行うことが必要になるため、その意味でも事業計画の策定が事業承継対策において必要になってくる。

類似業種比準価額の引下げ

〈簿価純資産価額の引下げ〉

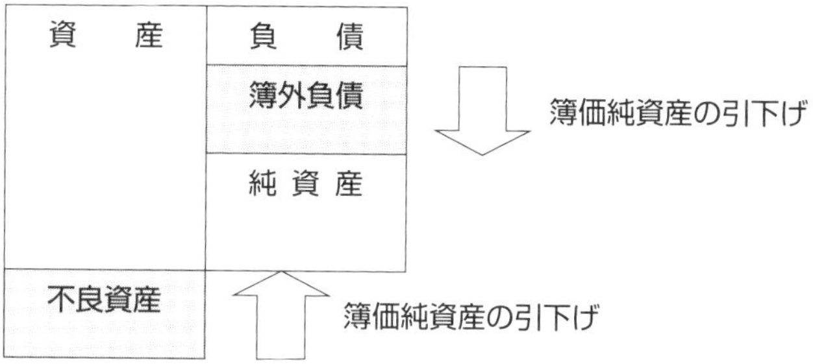

〈利益金額の引下げ〉

	課税所得
調整前利益金額	200
不良資産の処分	△150
調整後利益金額	50

〈類似業種比準価額の引下げ〉

類似業種比準価額の計算要素である「簿価純資産価額」「利益金額」がそれぞれ引き下げられるため、類似業種比準価額も以下のように、引き下げられる。

$$A \times \frac{\frac{b}{B} + \frac{c\downarrow}{C} \times 3 + \frac{d\downarrow}{D}}{5} \times E$$

(3) 時価純資産価額の引下げ

時価純資産価額の引下げについては、賃貸不動産の購入や組織再編を行うことにより時価純資産価額を引き下げる方法が行われることが多い。しかし、事業に関連性の無い賃貸不動産の購入やビジネス上の効率性等を無視した組織再編は、会社の財務体質を悪化させ、相続税は安くなったものの、会社の事業を悪化させることも少なくない。

これに対して、前述の通り、貸付金債権、各種引当金、保証債務等については、社会通念上の時価の価額よりも高めに評価されることが一般的である。そのため、不良債権の処理や簿外負債の処理により、時価純資産価額を引き下げることができる。

また、滞留在庫、遊休固定資産や遊休不動産についても、実際の価値は極めて少額であるにもかかわらず、財産評価基本通達ではそれなりの評価額になることも多い。この点については、財産評価基本通達に基づかない時価により相続税の評価を行うという考え方もあり得るが、課税当局に認められない可能性があるリスクがあるため、そのようなリスクを排除するためにも、事前に滞留在庫、遊休固定資産や遊休不動産の処分を行うというやり方が望ましい。

そのため、財産評価基本通達における評価額よりも実際の時価が低い場合には、不良資産、簿外負債の処分等により、時価純資産価額を引き下げることができると考えられる。

しかし、上記のような対策を行うためには、財産評価基本通達に基づく評価ではなく、会社が保有する資産及び負債の本来の時価を把握する必要があるため、類似業種比準価額の引下げと同様に、実態純資産の調査が必要になってくる。

時価純資産価額の引下げ

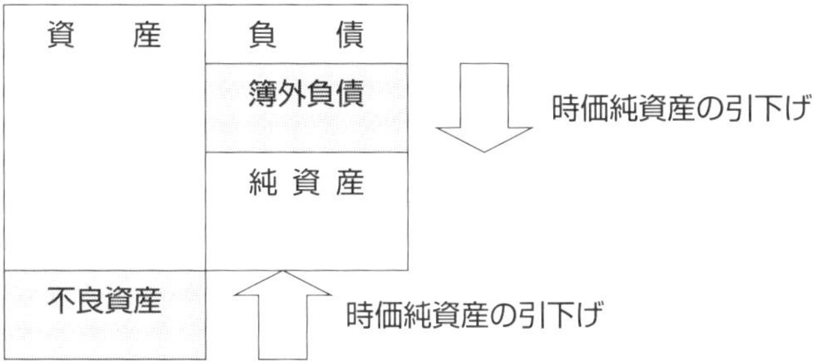

総括

	簿　価	相続税評価	時　価	備　考
A 資産	200	50	50	含み損の実現により、類似業種比準価額の引下げが可能
B 資産	100	100	20	相続税評価＞時価であるため、含み損の実現により、類似業種比準価額、時価純資産価額の引下げが可能
C 資産	50	150	150	含み益があるため、実現させた場合には簿価純資産価額が引き上げられ、類似業種比準価額が高くなってしまう。

⑷　株価引下げにおける留意事項

このように、実態純資産の調査と将来の事業計画の策定の結果を利用することで、非上場会社の株価を引き下げることが可能になる。

しかし、不良資産や含み損資産を処分した場合に常に株価が引き下げられるわけではなく、以下の理由により株価が引き上げられてしまう場合も考えられるため、留意が必要である。

① 不良資産の処分等により、総資産価額が小さくなってしまうため、総資産に占める株式や土地の割合が増加することもある。その結果、株式保有特定会社や土地保有特定会社に該当してしまった場合には、類似業種比準価額を使用することができなくなることから、結果として、株価が高く

なってしまうこともある。

② 不良資産の処分等により、赤字決算になってしまうこともある。その結果、比準要素数０又は１の会社になってしまった場合には、類似業種比準価額を使用することができなくなるため、結果として、株価が高くなってしまうこともある。

③ ②に掲げるような特定の評価会社に該当しなかったとしても、総資産価額が小さくなってしまったことにより、中会社や小会社になってしまった場合には、併用方式における純資産価額の折衷割合が高まってしまうため、結果として、株価が高くなってしまうこともある。

④ 財産評価基本通達においては、時価純資産価額を算定する際に営業権の計算を行うことが求められているが、以下の計算方式により計算を行うことから、総資産価額の圧縮により、営業権の金額が増加することが考えられるため、時価純資産価額が引き上げられてしまうこともあり得る。

【営業権の計算】

次の算式によって計算した価額と課税時期を含む年の前年の所得の金額（営業権の価額が相当高額であると認められる著名な営業権については、その所得の金額の３倍の金額）とのうちいずれか低い金額に相当する価額によって評価する。

営業権の価額＝超過利益金額×複利年金現価率
超過利益金額＝平均利益金額×0.5－企業者報酬の額－総資産価額×基準年利率

このように、不良資産、含み損資産、簿外負債等の処分により株価が引き上げられてしまうことも考えられるため、実務上、このような資産及び負債を処理する場合には、上記の点に留意しながら進める必要がある。

第2章

実態純資産の調査と事業計画の作成

1．実態純資産の調査の概要

実態純資産の調査とこれに基づく事業計画を作成することが、事業承継対策に役立つことについて前章で解説したが、本章ではこれらの具体的な手法について解説をする。なお、「実態純資産の調査」は、一般的には「財務デューデリジェンス」と呼ばれることが多いため、本稿では、両者を同意義の言葉として記すこととした。

(1)　会計監査との比較

財務デューデリジェンスというと会計監査と誤解されがちであるが、会計監査は企業の財務諸表が一般に公正妥当と認められた会計基準に従って適正に作成されていることを確かめる手続きであり、実態純資産の調査を行う財務デューデリジェンスとは大きく異なる。例えば、不動産の評価について、会計監査においては減損会計の適用の有無を検討するが、実態純資産の調査においては時価評価を原則として行うことになる。

無論、財務デューデリジェンスにおいては、会計監査のノウハウや技法というものが応用されていることから、両者は共通する点も多い。そのため、会計監査や財務デューデリジェンスの経験のない方には、日本公認会計士協会から公表されている『監査委員会研究報告第11号　監査マニュアル作成ガイド「財務諸表項目の監査手続編」(中間報告)』を参考にされることをお勧めする。ただし、会計監査の目的と財務デューデリジェンスの目的が異なることから、目的に応じて手続きを修正する必要があることは言うまでもない。

また、会計・税務業務に携わる専門家の傾向として、金額的に重要性のないものにまで厳格な手続きをしてしまいがちであるが、100万円のコストを使って50万円の相続税を減らしても仕方がないので、財務デューデリジェンスの手続きにおいては、金額的重要性や質的重要性を勘案した上で、依頼者との話合いにより、手続きに強弱を設ける必要がある。

(2) 他の財務デューデリジェンスとの比較

本書の目的とする財務デューデリジェンスは、事業承継を目的とした財務デューデリジェンスであるが、財務デューデリジェンスというと、M&Aや企業再生において一般的に行われていることから、それらと混同する読者もいると思われる。

無論、M&Aや企業再生における財務デューデリジェンスの手法は事業承継における財務デューデリジェンスに応用することができる。しかし、それぞれの目的が異なることから、目的に応じた手続きの変更が必要になる。

すなわち、M&Aにおける財務デューデリジェンスにおいては、①M&Aを実施するか否かの意思決定、②取引価格や取引スキームの決定などが主目的とされているが、事業承継における財務デューデリジェンスにおいては、ⓐ相続税の引下げとⓑ納税資金の確保が主目的となる。

そのため、過去の確定申告書において、寄附金、移転価格、役員給与等が適正に処理されていたか否かについては、M&Aにおける財務デューデリジェンスにおいては重要性が高いが、事業承継における財務デューデリジェンスにおいては重要性が低いことから、手続きを省略するという考え方もあり得よう。

(3) 一般的なリスク

会計監査においては、財務諸表が適正に作られていないかもしれない原因として、「不正と誤謬」として整理している。不正とは意図的な会計処理の誤りをいい、誤謬とは非意図的な会計処理の誤りをいう。

事業承継対策の一環として相続税の引下げを検討するような会社においては、過去の決算を意図的に粉飾する可能性は少ないため、不正が生じる可能性は比較的少ない。しかし、会計監査を受けていないことや、法人税の計算を主目的として決算書を作成しているという背景から、誤謬リスクが存在する可能性は高い。とりわけ、相続税の引下げを検討する会社は、それなりの事業規模になっていることが多い一方で、内部統制が会社の成長に追いついていないため、不良在庫や遊休固定資産が生じやすいという背景がある。

そのため、事業承継対策のために財務デューデリジェンスを行う場合には、誤謬リスクを中心に調査を行っていくことになる。

(4) 事業承継の財務デューデリジェンスの目的

事業承継を考えるに当たり、財産評価基本通達に基づき相続する株式の価値をあらかじめ把握しておき、これによりいかほどの相続税が発生するかをあらかじめ予想することは重要である。ただし、第1章において解説したように、財産評価基本通達に基づく株式の評価額は、たとえ純資産価額方式により評価したとしても、実態純資産とは異なるものであることが少なくない。

そのため、まずは財産評価基本通達に基づく評価を実施する必要はあるものの、それとは別個の手続きとして実態純資産の調査を実施する必要がある。

また、事業承継の対策は相続税額を引き下げて、その予測がつけばそれで済むのではない。税額が多額になる場合は、相続税の納税資金の調達のための手続きや、調達したこと自体が将来的な経営上の重荷になることは容易に想像できるため、こうしたケースを想定した事業計画の策定も必要になる。

こうしたことから、事業承継の財務デューデリジェンスの目的としては、財産評価基本通達に基づく相続税評価額の算定のほか、以下の点が挙げられる。

① 企業実態（実態純資産額・正常収益力・清算時配当率等）の把握
② 個別資産の簿価上の評価額、相続税評価額、経済的な評価額との差の把握
③ 金融債権者等の権利関係の把握
④ 相続税引下げのための情報収集
⑤ 将来事業計画作成のための情報収集

❶ 企業実態（実態純資産額・正常収益力・清算時配当率等）の把握

相続人が相続により当該事業を引き継ぐことの意味合いを理解することは重要である。オーナー会社の経営者の地位を相続するということは、本人が望む

と望まざるとに関係なく、同時にそれに応じた社会的な地位を引き継ぐことになるからである。例えば、相続人にとって将来の人生の重荷になるだけであれば、事業を継続しない（廃業か第三者への事業の売却）という意思決定もあり得る。また、安定的にキャッシュフローを稼いでいる事業でも、自ら（これは経営者一族のみならず、従業員とその家族も含む）の生活を守りながら、一方で企業を発展させるための投資を続けることが求められ、そのためのリスクをどこまでとるのかといった意思決定を行うこともある。

被相続人、すなわち現経営者にとっても、実態としての会社の資産がどれほどなのか、毎期どれくらいの儲けがあるのか、今すぐに事業をたたんだらどれほどの現金が手元に残るのか、といった情報を数字で表すことは、事業承継を考える以前の問題として（経営者として当然に知っておかなければならない情報として）必要なことである。

通常の税務目的で作成している財務諸表と、経営者が経済実態として体感している実態純資産や正常収益力は多くの場合異なっている。これを数値で明らかにし、次の世代に引き継ぐ際の指標とすることは相続人・被相続人のいずれにとっても必要なことである。これが、実態純資産額・正常収益力・清算時配当率等といった数値に代表される企業実態を把握するということである。

❷　個別資産の簿価上の評価額、相続税評価額、経済的な評価額との差の把握

中小企業の個別資産・負債の帳簿上の評価額は多くの場合、税務決算を目的とした数値である。「中小企業の会計に関する指針」（平成17年８月１日　日本税理士会連合会・日本公認会計士協会・日本商工会議所・企業会計基準委員会）に従った決算書を作成している場合でも、個別の資産や負債の評価方法は必ずしも経済実態を示すものではない。

個別資産の現状での帳簿上の評価額は何かを知ることと、経済実態としての評価額はいかほどかを知ることにより、財産評価基本通達に沿った評価額を引き下げるための施策を検討することができる。すなわち、帳簿上の評価額は多くの場合、当該資産の取得時に見合いとして流出した現金の額を付している。

この資産の時価が下落しており、将来的に不要な資産である（すなわち、不良資産化している）とすると、第１章で解説したように、これを処分する場合としない場合とで、財産評価基本通達に規定する類似業種比準価額は当然に変わってくる。

さらに、財産評価基本通達に規定する純資産価額方式により評価を行ったとしても、経済的な評価額と異なることが少なくない。そのため、財産評価基本通達に基づく評価額が経済的な評価額よりも高い資産を処分することにより、純資産価額方式による評価も引き下げることができる場合がある。

財務デューデリジェンスにより、個々の資産の経済実態を明らかにすることにより、こうした施策の可能性を探ることができる。

❸ 金融債権者等の権利関係の把握

金融債権者等の権利関係とは、会社保有の資産のうち金融機関等からの借入金の担保に提供している資産(動産・不動産を問わず)と各金融機関の抵当権・根抵当権の順位、連帯保証人（相続人・被相続人を問わず)、包括根保証をしている者、他人からの物上保証の有無、他人の債務の保証の有無、各借入金の保全・被保全の額などである。

これらの権利関係を明らかにしておくことは金融機関の債務弁済計画に直結することであり、事業計画を作成する際に特に重要となる。また、金融機関が会社をどのように評価しているのかを知る手掛りになることもある。

❹ 相続税引下げのための情報収集

本書の狙いの幹の部分である。非上場株式の評価は財産評価基本通達に基づいて行うが、その場合の類似業種比準価額方式、純資産価額方式等の計算ロジックを理解して、それぞれの評価額を下げられる要素があるか否かを検討することとなる。評価額引下げの可能性について、デューデリジェンスの手続きの中で情報を収集して検討する基礎とすることになる。

例えば、デューデリジェンスを行うことによって不良在庫が発見された場合、これを処分することによって損失を実現することができる。処分方法、処分時期などもデューデリジェンスの手続きの中で調査を行い、具体的な処分の実現可能性について探ることができる。また、法人税の計算のために貸借対照表を作成する場合には、経費のカット・オフを厳密に行っていないことも多いことから、会計上必要とされる未払金・未払費用の計上がなされていない場合もある。これらを発生主義に変更することにより、より早く費用を計上することが可能となる。

こうした情報を集約することが、事業承継対策の早めの行動と、計画性のある対策を可能にすることとなる。

❺　将来事業計画作成のための情報収集

企業実態を把握することで、実際の現状の事業がどれほどのキャッシュフローを生み出しているのかが明らかになる。この実態が理解できれば、こうした現状のキャッシュフローを参考にしつつ、事業承継前後の（将来の）キャッシュフローがどれほどになるかを予測することが可能となる。事業承継は相続税対策をすれば終了するものではない。相続税の支払いが出た後の資金繰りにまで注意をしないと、最悪の場合、相続税支払い後に資金繰りが破綻、あるいは過剰債務会社となり、続けて再生ステージに乗せることまで考慮しなければならなくなってしまうことも想定される。

相続税があまりにも多額であると事業の存続自体に影響が出ることもあるので、事業承継を検討する際には、承継後の損益計画、貸借対照表計画、キャッシュフロー計画もセットで検討する必要がある。こうした計画を作成するに当たっての情報も財務デューデリジェンスの手続きにより収集することが求められる。

このような目的を達成するために、デューデリジェンスを実施することが有用であるが、財産評価基本通達に基づく株式評価についても同時併行的に行う必要がある。

なお、具体的な財産評価基本通達に基づく株式評価の方法については、第1章を参照されたい。

(5) 簡便的な手法としての財務デューデリジェンス

本来であれば、実態純資産の調査、将来事業計画の策定を十分に実施することが望ましいと考えられるが、実務においては、事業承継対策のためのコストをどのように抑えるのかという問題もある。

特に、M&Aや企業再生を目的とする財務デューデリジェンスのように正確な実態純資産を把握することが主目的というわけではなく、相続税評価額の引下げと納税資金の確保が主目的であるため、それが達成できてしまえば、それ以上の調査や作業の必要性を感じない経営者や後継者も多いと考えられえる。さらに、会計監査のように財務諸表全体の適正性を担保する必要がないため、特定の勘定科目に限定した財務デューデリジェンスであっても、目的さえ達成できるのであれば、それでも問題はないという考え方もある。

著者の経験した財務デューデリジェンスでは、棚卸資産の調査のみを実施し、不良在庫の処分により相続税評価額の引下げを実施した事例がある。なお、調査の対象を棚卸資産に限定したのは、売上高、売上原価に比して、棚卸資産の金額が過大であったことが原因であり、このような勘定科目を早期に発見する手法としては、会計監査の手法である「分析的手続」が有効になるため、日本公認会計士協会から公表されている『監査基準委員会報告書第1号　分析的手続』を参照されたい。

すなわち、財務デューデリジェンスを実施するといっても、それぞれの企業のニーズに応じて、簡便的な手法を選択し、必要最小限のコストでそれなりの成果を挙げるに留めるという選択肢も考えられるため、実務においては、柔軟に対応されることをお勧めする。

※：「分析的手続」とは、財務データ相互間又は財務データ以外のデータと財務データとの間に存在する関係を利用して推定値を算出し、推定値と財務情報を比較することによって財務情報を検討する手続きである。推定値には、金額のほか、比率、傾向等が含まれる。

2．実態純資産の調査

(1)　事前準備

本項から具体的な手続きについての解説を行う。財務デューデリジェンスは、主として依頼を受けた専門家が実施することになるが、金融機関等の取引先が会社の状況を調べる際や、まずは自前で事業承継対策を始めてみたいという経営者一族（特に承継する子供世代）が実施することも、もちろん可能である。本書では、特別な依頼を受けた専門家や、経営者一族のように会社の情報に直接的にアプローチできる場合を想定して記述を進めた。そのため、取引先等の第三者が会社の状況をヒアリングする際の簡易調査の場合には必ずしも本書の手続きが実施できるとは限らない点に留意願いたい。

❶　事前準備

財務デューデリジェンスを行うには、これを実施するに値する目的があるはずである。依頼者サイドは、まず、この目的を明確にし、外部の専門家に依頼するのか、自前で財務デューデリジェンスを行うのかの意思決定をする。

外部専門家等に依頼をする場合、依頼を受けた専門家等は、依頼者のニーズを理解することからはじめる。「そもそも財務デューデリジェンスが必要なのか否か」についてもアドバイスすることから業務はスタートしている。専門家等はこのニーズを理解し、調査の結果を利用して何をしたいのか（事業の再生をしたいのか、事業承継を前提とした財務リストラをしたいのか等）、その目的のために本当に調査が必要なのかどうか、また、その目的のためにはどの程度の調査をすればよいのか、といった財務デューデリジェンスの手続きの方向性を検討することになる。

財務デューデリジェンスを行うことになったら、経営者の構成・事業内容・

大まかな財務状況・事業の将来性などについてヒアリングを行う。この結果をもって、財務デューデリジェンスの手続きを行うに当たり必要な資料の検討に移る（ヒアリングの具体的内容については、「❸　**全般的事項のインタビュー**」を参照）。

また、事前準備に欠かせないのは、調査対象会社の業界に特有な会計処理方法や、業界の動向といった情報の収集である。いわゆる事業デューデリジェンスが同時並行で行われる場合には、当該事業デューデリジェンスの実施担当者と協力の上、業界動向についての情報を収集するとよい。一般的な書物や統計データでも十分に情報を収集できるため、これらを活用するとよい。

❷　資料依頼

財務デューデリジェンスの手続きには、実に多くの資料を必要とする。会社の帳簿だけでなく、取引の基になった契約書や取引の実績を示す金融機関の預金通帳・手形や小切手・納品書・不動産の登記簿の謄本など、多岐にわたる。通常、外部専門家が調査を行う場合には、現地での調査手続きや経営者へのインタビューの前に、これらの資料や情報を要請・入手し、会社の概要を理解してから具体的な手続きに入ることが多い。財務デューデリジェンスには時間的な制約（依頼者の求めによる制約、費用面での制約など）があることがほとんどで、何の予備知識のないままに調査を始めることは時間の浪費に繋がるためである。

資料依頼リストの具体例は下表の通りである。

依頼資料一覧

財務調査基準日は、2007年２月末を予定しております。
資料は紙ベースのもの以外に可能であればエクセルデータ等の電子データでご用意ください。
全てのコピーが必要ないと思われる資料については「閲覧のみ」と示してありますが、量が多いものなどは別途ご相談ください。
該当ない資料についてはその旨教えていただければ結構です（ないことの確認も調査の一環となります）。
また、調査の過程で下記以外の書類を追加で依頼することがありますので、ご了承下さい。

Index			依頼資料	区分（期間）			備考	チェック
大項目	NO.	小項目		2005/2	2006/2	2007/2		
会社全体	1	会社	登記簿謄本			最新		
	2	会社	会社概要の案内書			最新		済み
	3	会社	定款			最新		
	4	株主	株主名簿			最新		
	5	組織	役員一覧（略歴、兼務状況を含む）			最新	簡単に文書にまとめていただければ幸いです	
	6	組織	従業員一覧			最新	簡単に文書にまとめていただければ幸いです	
	7	組織	従業員数（各部課別）	○	○	○		
	8	組織	組織図			最新	簡単に文書にまとめていただければ幸いです	
	9	機関	（定時・臨時）株主総会議事録（過去３年分程度）	○	○	○	閲覧のみ	
	10	機関	取締役会議事録（過去３年分程度）	○	○	○	閲覧のみ	
	11	機関	その他経営会議等、重要な会議の議事録	○	○	○	閲覧のみ	
	12	営業	主要得意先・仕入先、競合状況、値引・リベートの実施状況等、営業概況に関する説明資料			最新	簡単に文書にまとめていただければ幸いです	
	13	営業	営業上の重要な契約の一覧			最新	簡単に文書にまとめていただければ幸いです	
	14	訴訟	訴訟案件の一覧表及びその内容、今後の損失見込み等			最新	簡単に文書にまとめていただければ幸いです	
	15	保証	保証債務（保証類似行為を含む）の一覧			最新	簡単に文書にまとめていただければ幸いです	
	16	環境	環境に関する問題			最新	簡単に文書にまとめていただければ幸いです	
	1	全体	決算報告書	○	○	○	直近10期分のご用意をお願い致します	３期分のみ済み
	2	全体	総勘定元帳	○	○	○	閲覧のみ	

	3	全体	勘定科目明細	○	○	○		済み
	4	全体	会計処理方針一覧表			○	簡単に文書にまとめていただければ幸いです	
	5	全体	2008年２月期の月次試算表			最新		
	6	現預金	現預金明細（預金先、種類別）・当座借越契約・拘束性預金一覧、当座預金差異調整表	○	○	○		
	7	現預金	銀行通帳・当座照合表			○	閲覧のみ	
	8	現預金	残高証明書			○		
	9	債権	売上債権明細及び年齢調べ表			○	売掛金元帳で代替可	
	10	債権	売掛顧客別回収条件一覧表			○	簡単に文書にまとめていただければ幸いです	
	11	債権	受取手形の期日別明細			○		
	12	債権	割引（裏書譲渡）手形明細及び期日一覧表			○		
	13	債権	上記「売掛金」「手形」等債権の貸倒懸念債権一覧			○	簡単に文書にまとめていただければ幸いです	
	14	在庫	実地棚卸しの資料			○		
財務(B/S)	15	在庫	製品・仕掛品の計算資料			○		済み
	16	不動産	不動産登記簿謄本			最新		済み
	17	不動産	上記不動産の不動産鑑定評価書			最新	もしあれば	
	18	不動産	不動産購入時の売買契約書					
	19	固定資産	償却資産台帳	○	○	○	閲覧のみ	
	20	固定資産	償却資産税通知書			○		
	21	固定資産	減価償却明細			○		済み
	22	ゴルフ会員権	投資先（出資金）の直近の決算書			最新		
	23	ゴルフ会員権	最近の取引相場			最新		
	24	ゴルフ会員権	購入時の経緯を説明した資料				簡単に文書にまとめていただければ幸いです	
	25	担保	不動産以外の担保提供資産一覧表			○		
	26	担保	抵当権設定表			○		
	27	賃貸借	賃貸借資産一覧及び賃貸借契約書			最新	閲覧のみ	
	28	リース	リース資産一覧表（未経過リース料）及びリース契約書（直近）			○		

	29	無形資産	特許・商標権等あれば当該登録の関係書類			○		
	30	保険	保険証券(保険積立金明細)及び解約返戻金等発生する保険内容ならばその金額			○	解約返戻金は保険会社にお問い合わせ下さい	
	31	買掛金	仕入先名称及び支払条件一覧表			○	簡単に文書にまとめていただければ幸いです	
	32	借入金	金銭消費貸借契約書			○		
	33	借入金	借入金明細表(当初借入額・現在残高・人的保証人・保証協会保証の有無・利率・返済条件・資金使途等)			○		
	34	人件費	人別退職金一覧			○		
財務(P/L)	1	人件費	給与規程、退職金規定、年金規程、その他人事管理規定			最新		
	2	人件費	賃金・法定福利費台帳	○	○	○	閲覧のみ	
	3	運賃	内訳（支出内容・支払先・支払金額）	○	○	○	なければ売上・売上原価のみお願いします	
	4	家賃地代	内訳（支出内容・支払先・支払金額）			○		
	5	家賃地代	不動産賃貸借契約書			○		
	6	租税公課	内訳（支出内容・支払先・支払金額）			○		
	7	主要材料費	内訳（支出内容・支払先・支払金額）			○		
	8	補助材料費	内訳（支出内容・支払先・支払金額）			○		
	9	消耗品費	内訳（支出内容・支払先・支払金額）			○		
税務・社保	1	税務	税務申告書（法人税・消費税・地方税）及び納付書一式（過去3期分）：別表全て	○	○	○		済み
	2	税務	納税証明書・延滞税金目録			○	延滞があればご用意下さい	
	3	社保	社会保険料の延滞一覧			○	延滞があればご用意下さい	
	4	税務	税務調査があった場合には、その調査の状況・経緯とその結果。更正を受けた場合は更正通知。(過去3期分)	○	○	○		

	5	税務	修正申告書および更正決定通知書（過去３期分）	○	○	○		
内部取引	1	役員	役員その他利害関係者との取引一覧（取引内容・取引金額・取引価格の決定方法等）及び関連する契約書			○		
事業計画	1	設備投資計画	設備投資計画（過年度実績および将来計画）			最新	もしあれば	
	2	PL	最新の中長期の将来部課別収益計画			最新	もしあれば	
	3	資産売却計画	売却・除却予定資産の一覧（物件名、売却予定額、簿価）			最新	もしあれば	
	4	コストダウン	コストダウンの計画（過年度実績および将来計画）			最新	もしあれば	
	5	人員	人員表、部門別人員表、人員計画表（過年度実績および将来計画）			最新	もしあれば	

❸　全般的事項のインタビュー

財務デューデリジェンスの個別手続きに入る前に、調査対象会社の経営者に対してインタビューを行い、事業の全体についての理解を深めることが必要である。事業及び会社全体の理解なくして、個別事象の理解は不可能である。また、財務デューデリジェンスを複数人（チーム）で行う場合は、全般的事項のインタビューにはメンバー全員の参加ができるようにすると、その後の作業を効率的に行うことができる。

具体的には、以下の点を中心に事業の状況を理解するとよい。

①　沿革

調査対象会社の設立時点から、今日までの主な出来事をまとめる。パンフレットやホームページなどを作成している会社の場合は、これを利用するとよい。当該地域の中での位置づけや、業界内での位置づけの理解の助けになる。

また、グループ会社の存在やそれぞれのグループ内での役割についても聴取する。

②　過去2－3年と今年度の業績

まずは、調査対象会社の主要な取引の流れを理解する。仕入先から販売先の情報、資金の手当てをどのように行っているのか、設備投資の意思決定はどのように行われているのかといった事業運営上のやり方を理解する。その上で、主要な設備についての情報も得る。

こうした情報を得た上で、近年の売上・売上総利益・営業利益・当期純利益といった主要な指標を確認し、その推移について説明を受ける。毎年のこうした指標に著しい増減がある場合はどのような事情があったのか、ほとんど動きがないのであれば、なぜ動きがないのかを理解する。さらに、利益目標・内部留保の考え方・配当の方針などについても理解する。

③　主要な貸借対照表項目

業績の推移の理解とともに、バランスシートの主要な項目についての理解も必要である。具体的な検証は個別の手続きを実施する際に行うが、この段階では財務諸表項目のそれぞれの数字が何を示しているのかを理解することが必要である。例えば、売掛金の計上額が1億円であったとすると、得意先1社に対して1億円なのか、100社に対して100万円ずつなのか、といった情報である。

また、後述する主要な得意先・仕入先の情報のほか、不動産の情報・減価償却方法・借入金と担保の情報・連帯保証人などについても、概観できるような情報を入手する。

④　重要な顧客、重要な契約

販売先について、主要な顧客と商売上の重要な契約の内容を理解する。特定の取引先に偏りすぎていないか（事業リスクにも通じる）、一般常識に照らして有利すぎるあるいは不利すぎる取引条件になっていないか、また重要な取引基本契約はないか、といった事項を理解する。

⑤　重要な仕入先・外注先

仕入先についての情報も販売先と同じく重要である。特定の仕入先に偏っていないか、仕入の条件（特に支払条件）の確認をする。また、主要な外注先についても聴取する。

⑥　関連当事者（経営者一族、及びそれらが支配している会社等を含む）との取引並びにその条件

関連当事者との取引について、どのような取引を行っているか、その取引条件は第三者と取引した場合と比べてどうかを確認する。

⑦　事業リスクと事業機会

「**❶　事前準備**」の段階で得た知識を、経営者とすり合わせる。「調査対象会社の業界がどのような状態で、同社がこの業界の中でどのような位置づけにあるのか」、といったことについての経営者なりの考えを理解する。その上で、調査対象会社の事業リスクはどのようなものがあるか、将来的な事業機会はどうかといったことを理解する。SWOT分析などの手法を利用するのもよい。

⑧　過去、現在又は将来のリストラ、組織変更、事業再編の概要

過去に実施された、現在実施中、あるいは将来的に計画されているリストラ（人員削減や遊休資産の売却など）、組織変更（社内の部課の変更や、有限会社から株式会社への変更、取締役会・監査役会などの会社法上の組織機の変更）、事業再編（グループ会社内の合併や会社分割）の概要を聴取する。

⑨　経営上重視している主要な経営指標

経営者として、特に重視している経営指標は何かについて理解をする。売上至上主義であったり、販売費及び一般管理費の削減を追求したり、配当金を出すことを目標にしていたりなど、経営者として何に重点を置いているかを理解する。

⑩　議事録の閲覧

株主総会議事録、取締役会議事録、その他の経営会議議事録など、社内の重要な意思決定を示す書類を閲覧する。これらの議事録と、過去の実績とに矛盾がないかどうかを確認する。

❹ 財務担当者へのインタビュー

財務デューデリジェンスを実施するに当たり、日々の会社の取引がどのように会計帳簿に記帳されているのか、記帳されたデータがどのような過程を経て財務諸表が作成されているのかを理解することで、各々の財務諸表項目の調査が手際よくできるようになる。このインタビューを通して管理手続上の不備を発見できることが多いが、こうした不備があることを理解しておくと、不正や誤謬のリスクを意識しながら財務デューデリジェンスの手続きが進められる。

具体的には、担当責任者に次の事項をインタビューする。

①　月次決算手続き

通常の会社は月次の決算を行って試算表を作成している。試算表を毎月の収支バランスのチェックや翌月以降の対策を考える基礎資料にするなど、経営上の重要な情報として利用している。

こうした月次決算の手続きはどのように行われているのか、誰が会計データのチェックを行い、具体的な財務諸表への落し込みを行っているのかを理解する。会社の経理処理は、財務経理部門だけが行うものではなく、営業や購買の部門から数値のデータを収集するところから始まっているものであり、経理担当者へのインタビューだけでは十分な理解ができない場合もある。

例えば、先のインタビューで得た売上取引と仕入取引の概要から更に掘り下げた「業務フロー」を理解することとする。

業務フローは、売上取引であれば、

１）注文が来てから、

２）社内で在庫の確認をし、

３）出荷指示をし、

４）実際の出荷（引渡し）をし、

５）引渡しの確認を行い、

６）代金の請求を行い、

７）代金の回収を行う。

それぞれについて何らかの管理資料（注文請書、在庫表、出荷指示書、納品書、受領書、請求書、領収書）が作成されるはずである。こうした管理資料を基に、出荷された際に売上の計上がなされ、代金の回収時に売掛金の消込みがなされる。得意先別にこうしたデータをどのように作成しているのか、データ処理のスピードはいかほどかを理解することが必要になるのである。

こうして主要な業務フローごとに社内の手続きを理解すれば、会社の会計データがどの程度信頼し得るものかを理解することができる。月次の数値が信頼できない（例えば、期中は売上を現金主義のみで処理し、売掛金の洗替えを年度末に一度しか行わない場合の月次の売掛金残高は、当該月の得意先別の売掛金残高を示すものではなく、会計データとしては信頼できるものではない）場合は、実態純資産を検証するためには、どのような調整を行わなければならないかを検討することが必要となる。

② 会計方針、特殊な会計処理

会社の採用している会計方針を理解する。実態純資産を調査する際に採用する方針と会社の会計方針とに違いがある場合、修正を入れる必要が出てくる。

③ 重要な会計上の見積り

例えば、引当金の計上額の算定を行う場合の金額の見積りをどのように行ったかについて理解をする。

④ 原価計算の方法

製造業の場合、原価計算の方法についても聴取することが必要である。管理用の財務データと税務決算用の財務データは異なることもあり、これらの調整をどのように行っているのかについても理解しておく必要がある。

⑤ 決算のタイミング

こうした社内の手続きを理解した上で、月次の試算表の作成のタイミング（〆後、何営業日で試算表が出来上がるか)、年度の本決算のタイミング（実質的に決算作業が終了するのはいつか）についても理解する。非常に時間がかかるケースや、短時間すぎるケースは、何らかの欠陥がある場合がある。

こうした財務担当者へのインタビューを経て、財務デューデリジェンスの調査対象となる会社の決算書がどの程度信頼し得るものかを理解し、現地調査や調査報告の日程を組むことになる。

⑵　調査の基準日

まず、デューデリジェンスを実施する前に、調査の基準日をどの時点にするかが問題になる。

M&Aのためのデューデリジェンスであれば、調査の基準日についてはなるべく直前であることが望ましいため、直近の月次決算を基礎に調査を行うということも考えられる。

しかし、事業承継のためのデューデリジェンスについては、あくまでも相続税の引下げのために行うため、架空資産、不良資産、簿外債務などを発見し、株価を引き下げるべきタイミングにおいてそれらを処分するというのが一般的な手続きになることから、直前の月次決算を調査対象にするまでもなく、直前事業年度末を調査の基準日とし、その後の変動をヒアリングするということになると考えられる。

⑶　実態純資産の調査（資産サイド）
――不良資産、含み損資産の把握

これより、個別手続きの解説に入る。まずは不良資産や含み資産の把握を主眼とした、資産サイドの手続きについて詳述する。実態純資産を調査する場合の資産項目のポイントは、実在性と評価の妥当性である。

貸借対照表に計上されている資産が実在するものかどうか、既に除却・廃棄された資産が計上されたままであると、それだけ実態純資産が多めに算定されてしまう。従って、資産の実在性の調査は、実態純資産調査を行う際の最も基本となる項目といえる。

実在する資産であることが確かめられたら、当該資産の評価額がいかほどかについて検討をする。すなわち、通常の決算においては行わない不良資産や遊休資産の調査が非常に重要になるため、金額的重要性が高い場合には、現物管理の状況を確認するとともに、実際に現物を目で確認し、現物の有無、不良化・陳腐化の状況等を把握することが必要になる。

その他、減価償却を行う資産の過去の償却が十分か否か、保有する土地や有価証券がどのくらいの評価になるのか、資産に対する制限（担保に提供されている資産、拘束性のある預金など）がないかどうかも必要な検討ポイントである。

また、前述のように、金額的に重要性のないものにまで厳格な手続きを実施する必要はないため、金額的重要性がない資産については、簡便的に相続税評価額により評価を行い、金額的重要性の高い資産に厳格な手続きを実施することが必要になる。ただし、金額的重要性のないものであっても、質的重要性が高いものも存在し得るため、簡便的に相続税評価額により評価を行うとしても、ある程度のヒアリングによる概況把握は必要になる。

❶ 現金預金

NO.	確認事項	確認
1	実在性	□
2	管理方法	□
3	拘束性の有無	□

① 現金

現金についてはまず、現金出納帳、金種表などで決算書や試算表等との金額の一致を確認することが求められる。現金については通常少額であることが多い（手元に多額の現金を置くこと自体が不正を招きやすいなどの経営上のリスクになりやすいため）一方で、帳簿と現物が合わないことが多い。預金と並んで、記帳ミスなどしわ寄せが具現化しやすい勘定科目なので、慎重な調査が必要である。

No.1：実在性

定期的に現金の実査を行っているかどうかを確認し、現金自体のその実在性を確認する。

また、金種表の作成の有無を確認する。実在性が確認できない場合は、調査担当者が現金実査を行うこともある。

No.2：管理方法

現金の管理方法を聴取する（例えば、金庫で管理している。金庫の鍵は特定の担当者しか触れない云々）。現金は証拠資料が残りにくく、外部からの補充も簡単にできるので、管理方法がずさんである場合は帳簿上の金額と現物が一致していても、正しい残高と言えないケースもあるため、注意が必要である。

また、入出金の流れを捉え、帳簿金額に計上されるまでの経緯を確認することも重要である。中小企業の場合は人員の絶対的な数の問題もあり、いわゆる内部統制は期待できないことが多い。誰が管理、記録し承認しているかは重要な情報である。

②　預金

預金についても、預金出納帳、金融機関別銀行口座リストなどで決算書や試算表等との金額の一致を確認する。預金は、金融機関等の残高証明があれば、当該証明日と会社の会計データとの一致は確認できる。しかし、小切手を利用している場合など、必ずしも銀行の残高証明の金額が会社の経理上のあるべき金額である保証はない。残高を確定するだけであれば通帳等と帳簿の整合性を確認すれば足るが、預金勘定は、会社の取引上お金が動くものほぼ全てについての記帳がなされることから、数カ月分の当該勘定の内訳（記帳されている取引）を見ることによって異常取引の有無を確認することができる。

No.1：実在性

預金については、帳簿上の金額と残高証明書の金額が一致しているかどうかを確認することで、実在性はほぼ担保できると考えてよい。ただし、預金の残高証明を決算日ごとに入手することは、どの会社にも求められていることではないので、通常の場合、預金通帳・当座照合表などの金融機関の記録（証明書ではない）で確認することで足りる。

なお、当座預金については、当座照合表と帳簿上の金額にズレがあることが多い。これは小切手帳で振出しをしている場合や、期末日が金融機関の休日で実際の口座上の落ち日（入金日）と会社の帳簿上の処理日が異なる場合などに起こる事象である。これは単に記帳上の期ずれの問題であるため、大きな問題にはなりにくい。

さらに、定期預金等については、預入れの期間を確認するとともに、直ちに解約可能なものかどうかも確認する。

No.2：管理方法

手続き的には現金とほぼ同じである。預金通帳の管理方法、金融機関への届出印の管理方法、法人カードを作成しているのであればカード自体の管理と暗証番号の管理といった管理方法を理解することは重要である。

その上で、入金・出金の方法、社内での出金の指示、金融機関への出金の指示といった、社内の預金取引の流れを捉え、帳簿金額に計上されるまでの経緯を確認することが重要である。中小企業の場合は人員の絶対的な数の問題もあり、いわゆる内部統制は期待できないことが多い。誰が管理、記録し承認しているかは重要な情報であることは現金調査の場合と同様である。

No.3：拘束性の有無

担保提供されている預金の有無について確認をする。借入金がある場合、その保全として金融機関から担保の提供を求められることがあるが、定期預金・定期積金についてこうした担保が設定されることがある。担保設定されている預金がある場合は、担保設定の範囲及び限度額を確認する。例えば、手形割引などの取引上の担保なのか、金融機関からの長期借入金の担保なのか、担保に差し入れた時期とその理由などについても理解しておくことが求められる。

【ケース・スタディ】

現金預金で大きなミスが発見されたりすることはあまりない。日々、経営者が接する情報であるし、経理担当者のミスで資産が不良化することも少ないからである。

筆者が過去に経験した例では、数年にわたり現金が数千万円計上されていたにもかかわらず、調査時点で実査したところ数十万円しか手元になかったということがあった。差額の数千万円については過去十数年にわたり従業員又は役員が持ち出したが、誰が持ち出したかが判別せず、税務申告をしていた税理士も「役員貸付金等にすると認定利息が発生するから」という理由で現金勘定を動かさないまま放置してあったものである。金融機関が現金を直接カウントしに行くこともないため、外部のけんせいも働かず、経営者も安易に考えていたということである。

❷ 売上債権

NO.	確認事項	確認
1	主要取引先、回収条件	□
2	回収可能性	□
3	貸倒れの状況	□
4	架空計上の有無	□

① 売掛金

売掛金については、売上管理台帳等と決算書の数値を確認し、得意先ごとに計上から回収・消込みまでの管理が適切になされているかどうかを確認することが重要である。その上で、回収の可能性についての検討を行い、回収ができないあるいは疑わしい場合には貸倒処理の必要性を検討することとなる。

なお、会計監査の場合は、取引先等に監査人が確認状を送付して外部証拠としての情報を入手するが、事業承継のための財務デューデリジェンスは、異常な残高でもない限り、確認状を発送することについての経営者の心理的抵抗もあるため、通常、確認状を発送することは行わない。

一般的に、売掛金の実態価額が帳簿価額を下回っているケースとしては、売上の計上や返品処理のエラー、売掛金の滞留があるケースが一般的であるが、小売業、旅館業、外食業のような場合には売掛金として計上されているのはカード会社に対するものくらいであることから、売掛金に対する誤謬リスクが高い業種としては卸売業、製造業が一般的であろう。また、建設業の場合に受注のキャンセルがあるような場合には受注の取消処理が不十分になってしまっているケースもある。

このように、対象会社が属する業種や事業の状況により売掛金に係る誤謬リスクの程度と誤謬リスクが生じ得る原因を推測することができる。

No.1：主要取引先と回収条件の確認

主要取引先との取引内容、回収条件を確認する。ここで確認した取引内容と回収条件から、あるべき売掛金の金額を推定することができる。すなわち、回収条件が月末締め翌月末回収であれば、当月の売掛金残高は今月1カ月分のみとなるため、年間売上高の12分の1が毎月の売掛金残高に相当することとなる。継続取引先でない場合も、直近の取引状況を調べることで売掛金の残高が正しいか否かの判断材料を提供することはできる。

また、売上と回収期間の対比、エイジングリスト（年齢調べリスト）、特定の大口の得意先に偏りがないかといった、調査対象会社のリスク面に留意することにより、調査日現在の売掛金が正常な残高かどうかをチェックすることができる。

なお、調査の範囲をどのレベルにするかについては調査対象会社の事業や規模によってくる。得意先が数件に限定される会社や、民間を主体とした建設業などスポット的な得意先が多い場合は、個々の得意先の状況を検討することになるが、得意先が数百社になる比較的安定した会社の場合は、機械的な回転期間分析と入金状況の調査で実態をつかめることもある。

No.2：回収可能性

No.1で確認した得意先ごとに過去の回収状況（入金状況）を確認する。特に、入金が条件どおりになされているか、トラブルなどの発生で滞っている売掛金があるかどうか等について確認をする。入金は当座預金の照合表・銀行の通帳のほか、先方発行の領収書を見ることで確認することができる。

また、デューデリジェンスを実施する時点では、調査基準日から数カ月経過していることが多いため、調査基準日における売掛金残高が調査基準日以降に回収されているか否かを確認することにより、回収可能性の確認をすることができる。すなわち、調査基準日から数カ月経過しているにもかかわらず、売掛金の回収がなされていないということは、もともとの売掛金の回収期間が長いのか、それとも、売掛金が不良債権化している可能性があるかのいずれかであると推定することができよう。

このように、何らかの理由で回収できず滞留している売掛金がある場合には、回収可能価額を検討することが必要である。ここでの検討方法は、個別事情を勘案することとなり、画一的な方法で行うことは困難であるが、株価引下げ対策において対象となる不良債権については、ほとんど1円も回収することができない可能性が高い売掛金が中心となることから、そのような売掛金をゼロ評価するに留めるという選択肢もある。

また、問題になることが多いのは関係会社に対する売掛金である。過去に税務対策のために子会社を設立したり、事業拡大にあわせてグループ会社を増やしたりしたケースはよく見受けられるが、こうした場合、事実上休眠状態である関係会社に（実体はないにもかかわらず）利益を分散させるためにあえて取引を行い、グループ間で利益の付替えを行っていることも多い。こうしたグループ会社間の取引債権については、外部の第三者との取引債権とは異なる観点での評価が必要である。

具体的には、当該グループ会社が営業実態のある会社の場合と営業実態のない会社（事実上の休眠会社）の場合とで分けて検討する。営業実態のある会社の場合、当該関係会社の正常収益力から回収可能性を判断することが原則であり、正常収益力の算定方法については後述の「**3．正常収益力の分析**」を参照されたいが、簡便的に時価純資産価額により算定した債務超過額を回収不能額とし、残りの部分を回収可能額とするやり方も考えられる。これは、関係会社に対する不良債権の処理をどのように行うのかということで決まるため、個別事案に応じ、柔軟に対応されたい。これに対し、営業実態のない会社の場合は、清算価値で判断することになる。別除権や優先債権を弁済した後の一般債権の配当率を求めることが原則であるが、親会社責任があり他の債権者に負担してもらうことが困難である場合には、実質的に他の債権者に劣後することになるため、そのような事実も勘案して回収可能額を算定することになる。

このように、売掛金の回収可能額を算定することにより、帳簿価額、相続税評価額及び回収可能額（時価）の差を把握することができる。そのため、第3章において解説するように、不良債権を処理することにより、類似業種比準価額及び時価純資産価額をそれぞれ引き下げることが可能になる。

No.3：貸倒れの状況

法律的に全額の回収が不可能な債権、また、実質的に破綻している得意先の債権等がないかどうか確認する。事業承継対策を行うに当たって、将来的に回収ができない債権の処理は重要な項目である。

法律的に全額の回収が不可能な債権は、民事再生法、会社更生法、破産の申立てを行ったが、各手続きが終了しておらず、税務上の貸倒損失の金額が確定できないものである。こうした債権については、手続き自体が長期にわたることもある。デューデリジェンスの手続上は、具体的な発生原因、時期、手続結了の見込みなどを確かめ、整理することが求められる。

No.4：架空計上の有無

実態のない取引先への売掛金の計上がないかどうかを確認する。通常、株価引下げを依頼する会社が粉飾決算により架空売上を計上することは考えにくいが、内部統制の不備により、売上の計上時期が早まっていたり、取り消された売上がそのままになっていたりすることが考えられる。

具体的な手続きとしては、過去の回収状況を見ること（領収書の有無、回収した銀行口座の記録などを見ること）と、売掛金台帳などの管理簿から計上と消込みの記録を追うことによって確かめることができる。さらに、売掛金台帳などの管理簿と実際の納品書・請求書・領収書等との突合も行うことがある。

このような架空資産を把握することにより、第３章で解説するように、類似業種比準価額の計算要素の１つである簿価純資産価額を引き下げることが可能になり、かつ、時価純資産価額の引下げも可能になる。

②　受取手形

受取手形については、受取手形管理台帳と決算書の数値の一致を確認し、得意先ごとの残高が正しいかどうかを確認する。また、手形の現物の管理方法についても確認が必要である。手形債権については、売掛金とは異なり現物にて実在性を確かめることができるため、決算上の数値が現実の債権額と一致しているか否かを確かめることは困難ではない。

No.１：主要取引先、回収条件

主要得意先の業種、規模、現金化されるまでの期間を確認する。ここで確認した取引内容と回収条件から、あるべき受取手形の金額を推定することができる。すなわち、手形回収後の資金化の条件が月末締め翌々月末であれば、当月の受取手形残高は２カ月分のみとなるため、年間売上高の12分の２が毎月の受取手形残高に相当することとなる。継続取引先でない場合も、直近の取引状況を調べることで受取手形の残高が正しいか否かの判断材料を提供することはできる。こうした手続きは売掛金と同様である。手形債権の場合は、資金化される時期と金額が売掛金の場合よりも確実に推測できるため、資金繰り計画を立てる際に重要な情報となる。

割引手形がある場合、限度額を確認し、割引する手形と割引しない手形の区分をする基準があるのかどうかを確認する。これも資金繰りに影響することである。

なお、調査の範囲をどのレベルにするかについては調査対象会社の事業や規模によって異なる。得意先が数件に限定される会社や、民間を主体とした建設業などスポット的な得意先が多い場合は、個々の得意先の状況を検討することになるが、得意先が数百社になる比較的安定した会社の場合は、機械的な回転期間分析と入金状況の調査で実態をつかめることもある。この点も売掛金と同様である。

No.2：回収可能性～No 3 ：貸倒れの状況

手続的には売掛金と同様である。

特に、期日のジャンプをしている手形や融通手形など、通常の取引サイクルから外れた手形債権については注意が必要である。こうした手形についても、売掛金と同様に個別に回収可能性を検討することによって実質的な債権額を確かめることになる。

No.4：架空計上の有無

手形については現物があるので、架空計上については現物と帳簿金額との突合が最も有効な確認方法である。

【ケース・スタディ】

積極的に粉飾をするつもりでなくても、返品未処理により本来消込みがされなければならない売上債権が消されずに滞留してしまっていることも多い。

筆者が過去に経験した例では、数年にわたり返品処理の漏れがあり、大手得意先に対する売上債権が本来あるべき額の1.5倍以上になっていた。当該大手得意先がこの会社の売上の30%以上を占める重要得意先であったため、決算上のインパクトは大きかった。取引金融機関も、売先が大手の有名企業であることから回収可能性について楽観視していた。売掛金台帳の消込み状況をヒアリングしている段階で、「消込みの手続きに問題があり、本来回収できない債権が過去数年にわたって放置されていた事実」が明らかになった。

この事例は、経理担当者も経営者も全く気づいていなかったということであり、故意に隠蔽していたわけではない。デューデリジェンスを行わなければ明らかにならなかった問題であった。

❸ 棚卸資産

NO.	確認事項	確認
1	実在性	□
2	評価の妥当性	□

棚卸資産は一般的には物理的な「モノ」があるため、計上額が「合って当然」と思われがちであるが、資産実態を調査する目的のデューデリジェンスを行う際には最も困難が伴う分野であると言える。棚卸資産の計上額の基本は数量×単価である。すなわち、在庫の数量が正しいかどうか（実在性）とそれぞれの単価が正しいかどうか（評価の妥当性）の両方を慎重に検討しなければならない。

通常、会社は棚卸資産の実在性を確認するための実地棚卸しを決算時及び中間決算時にしか行わない。特に中小企業の場合は、決算時の１度しか行わない。月次試算表上も、棚卸資産に関する期中の会計処理は何ら行われず、12カ月の間、前期末の在庫残高が据え置かれているということになる。

また、「商売は物が売れて何ぼ」であるが、在庫の評価は仕入時点では購入対価＋付随費用となる。在庫が通常の取引サイクルの中で循環していればよいが、何らかの要因で売れなくなった場合、仕入時点の購入対価＋付随費用を下回る単価でないと販売が不可能という状況に陥ることもある。税務上は「売れそうもない」というだけでは損金処理できない（参照：第３章　**３．不良在庫の処分**）ので、売れずに残っている在庫は「買ったときの値段」で据え置かれていることも多い。こうした場合の評価額の判断は困難を極めることになる。

なお、一般的に棚卸資産の個数が多い業種、すなわち、製造業、卸売業及び小売業については棚卸資産に架空資産、不良資産が隠れているケースが多いと言われている。また、不動産販売業については架空資産があることは少ないが、販売できずに長期滞留化するものも多いため、不良資産、含み損資産が残ることが多いと考えられる。これに対し、在庫が少ない商売、すなわち、外食業、旅館業、不動産賃貸業についてはこのようなリスクが少ないと考えられる。

また、現場の人達が「もったいない」という判断で使用可能性の乏しい棚卸資産を長期保有しているケースが多いことや、原価計算システムや在庫管理システムの不整備が発見されるケースも多いことから、会計監査を受けていない企業のうち、製造業、卸売業及び小売業については、極めて高い可能性で、架空在庫、不良在庫が発見されるといえる。

そのため、このような業種に対して事業承継のための財務デューデリジェンスを行う場合には、棚卸資産に対する調査というものが最重要課題になることが多い。

No.1：実在性

実在性を確かめるには、倉庫など、物理的に棚卸資産を管理している場所まで赴いて、その存在を確かめることが必要である。実務上は、後述する有形固定資産の現地視察と同時に行うことが多い。

現地視察に前後して、棚卸資産の管理方法のヒアリングは欠かせない手続きである。このヒアリングを通して、実際在り高と帳簿残高との整合性について確証を得ることとなる。管理状況から勘案して、帳簿（棚卸資産管理用の補助簿）の残高が実態と乖離していると考えられる場合は別の手続きが必要となる。

主なヒアリング項目は下記の通りである。

① 帳簿上の仕入計上のタイミングと物品の入手（取引の成立により所有権が当社に移ったこと）のタイミングに差異がないか。

② 帳簿に記入される金額は取引金額に一致しているか（仮価格などでの記帳がないか）。

③ 売上計上と物品の引渡し（取引の成立により所有権が得意先に移ったこと）のタイミングに差異がないか。

④ 倉庫の管理状況、すなわち、品番管理の方法・物品の並べ方・出入れした際の数量の確認（継続記録の記載方法）・物理的なアクセスの制限（鍵の管理など）は適切か。

⑤ 保全状況、すなわち、物理的なアクセス制限・火災保険などの付保状況・物品の劣化を防ぐ方法など。

⑥ 第三者による盗難や従業員による横流しなどの防止策。

⑦　実地棚卸しの方法と頻度。上場企業の場合は、棚卸しの実施要領を監査法人等の指導の下にマニュアル化していることも多い。しかし、会計監査を受けていない場合には、これが不十分なことも多いため、カウントされた結果が正しく帳簿に反映されるような手続きになっているかどうかの確認も必要である。

本稿の前段に、中小企業の場合は帳簿上の前期末の棚卸資産残高を1年間据え置いているケースが多いと述べた。そのような会社の場合でも、会計システムとは独立した形で在庫管理システムを持っていることは多い。例えば、小売業の場合などは、今日時点で何がいくつあるかが把握できていなければ全く商売にならなくなってしまう。デューデリジェンスの手続きでは、こうした管理台帳を基に在庫の数量を調査することになる。

帳簿上の継続記録が問題なく行われているようであれば、通常の取引サイクルの中で概ね何カ月程度の在庫をもつ必要があるのかを確かめる。これによって、調査日現在の在庫数量が通常の取引サイクルから逸脱したものでないかどうかが理解できる。在庫が多いようであれば、滞留品や不良品の存在が疑われるということである。なお、こうした在庫については将来的に廃棄する必要があるのかどうかも併せて確認することが必要である。なぜなら、第3章で解説するように、このような資産を廃棄することにより、法人税の節税を行うとともに、相続税の計算における類似業種比準価額と時価純資産価額を引き下げることができるからである。

継続記録に問題あり、実地棚卸しの結果が実態を反映していない等の疑いがある場合は、テストカウントを実施しない限り、実態をつかむことは困難であろう。

No.2：評価の妥当性

棚卸資産の評価額は時価をそのまま付すのではなく、帳簿価額と時価を比較し、時価が簿価を下回る場合にのみ時価に評価替えをする（評価損を計上する）ことになる。事業が継続することを前提とすれば、未実現利益を計上することは期間損益を歪めることになるからである。財務デューデリジェンスで算定する実態損益も同じ考え方により、未実現利益の計上は行わない。

簿記の教科書には、棚卸資産の時価は「再調達原価」又は「正味実現可能価額」を用いるという記述がある。本書の目的としている財務デューデリジェンスのうち、商品や製品の棚卸資産については「正味実現可能価額」による評価を行い、原材料や仕掛品については「再調達原価」による評価が求められることとなる。その理由は以下の通りである。

「再調達原価」とは「同じものを現時点で購入した場合、いくらで購入できるか（購入対価＋付随費用）」という「出金」の概念であり、「正味実現可能価額」は「この資産を売却した場合、いくらのキャッシュが手元に入るか（販売価格－付随費用）」という「入金」の概念である。再生の財務デューデリジェンスの場合は、債権者にいくら返済ができるかという観点からの実態資産が求められるため、「いくらで売れるか」により評価を考える。事業承継の場合も、「相続税評価額をいかに下げるか ⇒ 不要な資産をいかに処分するか ⇒ 処分後のキャッシュはいかほどと見込まれるか」という視点での検討が求められるであろうことから、「入金」の概念に基づく「正味実現可能価額」による評価額が馴染みやすいであろう。しかし、原材料や仕掛品のように、これから製品に転化するものについては、「正味実現可能価額」による評価はできないため、「再調達原価」による評価になると考えられる。

なお、この評価方法については、第１章に解説した財産評価基本通達による評価と基本的には変わらない。しかし、財産評価基本通達においては、法人税法上の帳簿価額による評価を容認していることから、相続税評価額の計算においては、「正味実現可能価額」を算定せず、簡便に帳簿価額による評価をしてしまいがちである。

しかしながら、このような評価方法では実態純資産を表すとは言い難いため、デューデリジェンスにおいては、少なくても金額的重要性の高いものについては、正味実現可能価額の調査が必要になる。

さて、実在性の検証手続きにより明らかになった棚卸資産の金額をいかに決めていけばよいだろうか。棚卸資産の正味実現可能価額は、上場有価証券のような特定時点での（国内なら）どこでも通用する明確な相場というものはない。

しかし、あくまでも株価引下げのための調査であることから、不良在庫、過剰在庫を発見できれば、概ねその目的を達成したといえることが多い。そのため、事業承継のための財務デューデリジェンスにおいては、不良在庫、過剰在庫を「正味実現可能価額」や「再調達原価」といった時価により評価するということを中心の作業とすべきであると考えられる。

しかし、個々の資産を精査するというのはあまりにコストがかかりすぎるため、まずは全体的な分析を行い、架空在庫、不良在庫、過剰在庫の存在を推定するという作業から始める。具体的には、売上債権と同様、回転期間分析を実施する。すなわち、主要な在庫の購入、入庫、販売までの平均的な期間を確認する。ここで確認した取引内容と取引サイクルから、あるべき棚卸資産の金額を推定することができる。すなわち、購入から販売までのサイクルが2週間であれば、当月の棚卸資産残高は仕入額の0.5カ月分となるため、年間仕入高の24分の1が毎月の棚卸資産残高に相当することとなる。このように理論的に算定された棚卸資産残高と実際の帳簿価額とを比べることにより、帳簿価額が過大か否かを判断することができる。さらに、各製品別、店舗別にこれを行うことにより、製品別、店舗別の異常値を発見することができる。これにより、不良在庫、過剰在庫の存在を推定することができる。

また、各製品別の特徴についても留意する必要がある。すなわち、過去の実績で原価割れの販売が目立たない、将来もこの商売上の傾向が続くことが合理的である、ということであれば過大な在庫を抱えていない限り、帳簿価額通りの評価額を付しておけば概ね問題はないということになろう。次世代の製品が出てくることが確定しており近い将来に保有している棚卸資産に滞留品が出ることが確実であったり、現に動きが鈍くなったりしている場合は通常のケースに比べて、不良在庫や過剰在庫が発生する可能性が高い。

このような方法により、不良在庫、過剰在庫の存在可能性を把握した後は、在庫の年数調べ、現物確認、担当者へのヒアリングを通じて、不良在庫、過剰在庫の帳簿価額とその処分価額を計算していくことになる。なお、この作業については、「No.1：実在性」に係る調査とセットで行うことにより、効率的に実施することが可能になる。

【ケース・スタディ】

筆者が過去に経験した事例を４例紹介する。

（例１） 10店舗程度で展開している小売店が過去10年近くもの間、実地棚卸しを行っていなかった。この10年間は棚卸減耗損を計上したことがないという会社であったため、帳簿上の棚卸資産残高に確証が持てず、仕入債務の回転期間との整合性からあるべき在庫数量を試算してみた。その結果と帳簿上の数値との乖離があまりにも大きかったため、最終的には、数店舗の主要商品項目について全品のカウントを筆者らで行った。40－50％の実在性を確かめた上で減耗平均値を計算し、これを用いて全社の在庫数量を推定した。その結果、決算書上の棚卸資産残高の約半分を減耗損として認識することとなった。

（例２） 別の会社では、在庫管理があまりにもずさんであったため、ある年に顧問税理士に相談した結果、「在庫がなければ売上」という考え方を取ることにした。このずさんな考え方が会社に蔓延し「営業マンの在庫持出しにより決算の数字を作る」ということが常態化していた。調査の結果、営業車のトランクに１本数十万円のゴルフクラブが大量に隠されていることが判明し、売上の大幅な修正を余儀なくされた。在庫については原価割れでの販売が常であったため、こちらについても評価損の認識を余儀なくされた。

（例３） 商品として保有するケースと、器具備品で保有するケースのいずれも同じことであるが、絵画などの美術品を法人で保有していることがある。バブル時代に購入した高額なものや、古くから保有しており簿価はゼロに近いが売却すればかなりの値が期待できるものなど様々である。その会社では、本業ではない美術品の販売を行っていたが、各十数年にわたりオークションなどで購入した絵画が100点以上も資産計上されていた。ここ数年は、１年間で数点しか売却できておらず、そのほとんどが簿価の２割程度での売却であった。このケースでは、１点１点の具体的な評価額は不明であったため、過去数年間の販売実績から正味実現可能価額を推定して差額を評価損として認識することとした。

なお、書画骨とう品の相続税評価額については、財産評価基本通達135において定められているが、実務上、困難を伴うと想定される。

（例４）　製造業を営む会社が、実地棚卸しの際に利用価値が低いと思われる原材料を意図的にカウントする在庫から除いていた。そのため、帳簿上の在庫よりも製造現場にある在庫の方が多くなり、十年以上もこうしたことを続けた結果、倉庫が簿外在庫でいっぱいになってしまっていた。いずれの原材料も利用価値は低いので実態純資産の評価としてはゼロに近いのであるが、実際の廃棄の手続きを行わずに費用化してしまっていたので、税務上は大きな問題になってしまっていた。

いずれのケースも、経営者は在庫管理が不整備である可能性は認識していたが、キャッシュフローが十分にあったことから、たいした問題ではないと軽く考えてしまった結果、修正されなくなっていたということである。デューデリジェンスの手続きの際には、こうした会社の企業風土も理解する必要があるという教訓であった。

❹　貸付金

（短期貸付金、関係会社短期貸付金、関係会社長期貸付金、長期貸付金）

NO.	確認事項	確認
1	貸付先	□
2	回収方法、回収可能性	□
3	利息の計上	□

金融機関などでない一般の事業会社であれば、通常の商取引の中では金銭等の貸付けという取引は発生しないはずである。貸付金という勘定科目が決算書に現れること自体が、そもそも「訳あり」という状態を示していることになる。中小企業の場合、グループ会社間の金銭の貸借、役員の親族への貸付け、従業員への貸付けといった、人的なつながりから発生した貸付金の計上が目立って

いる。

なお、通常は資産については実在性を確かめることが主であるが、貸付金(特に表に出したくない貸先）の場合はそもそも帳簿への記録をしていないこともある。筆者の経験上も、貸付金の修正は、回収可能性の検討結果の評価損とともに、簿外貸付けや他の勘定科目で処理されている実質的な貸付金の追加計上が多い。帳簿に記載されている貸付金のみに注目するのではなく、資金の移動の検討をするなど、実質的な判断が求められる分野である。

No.1：貸付先

貸付金は、何らかの理由があって会社の貴重な財産を一時的に他人に供与した結果であるはずである。貸付先はどこか（個人、親族、取引先他)、その発生原因（貸先の資金需要、会社が貸付けをしなければならなかった理由）は何か、契約書等の法的な関係を示す書類はあるか（中小企業の金銭の貸借りには契約書を伴わない場合も多い)、実際の資金移動はあったのかといった情報を入手する。

貸先が個人の場合、それが役員・従業員等の会社の関係者であれば、会社と彼らの関係を理解する。例えば、代表者一族の家族・親戚・従業員本人とその家族などである。

法人の場合は、関係会社か、取引先か、役員親族の会社か、などを理解し、それらの会社の規模・業務内容についての情報を入手する。必要に応じて貸付先の商業登記簿（貸先が実在する会社であることの確認)、決算書（返済能力があるかどうかの確認）などを入手することも必要となる。

発生原因の特定も重要な手続きである。例えば、代表者一族の中の感覚として、会社と個人の財産の区別が曖昧な場合には、代表者の私的な経費のために、多額の貸付けを行っていることがある。会社と個人の財産の区別が明確であっても、住宅の購入のために、会社から多額の借入れを行っていることも少なくない。また、取引先等の救済の意味での貸付金は貸倒れの危険性が高いものである。融通手形の振出しを通常の商取引に紛れ込ませて処理しているケースもある。回収可能性の検討に直結する情報である。事業承継の財務デューデリジェンスの場合には依頼者（財務デューデリジェンスの結果を利用する者）が経営者であることが想定されるが、他の目的のデューデリジェンスと同じ視点で検討することが必要である。

貸付先の情報収集の過程では、その会社の根本的な経営課題や表面上は出てきにくい取引先との関係といった情報を得ることが多い。営業債権債務・棚卸資産が表の情報の鏡であれば、貸付金・借入金といった財務取引項目は裏の情報の鏡である。

No.2：回収方法、回収可能性

貸付金は金銭債権である。従って、売上債権と同様に回収可能性の検討は重要な要素である。回収可能性を検討するには、まず、個別貸付先ごとの回収方法の確認から行うことになる。通常、貸付金の回収は分割又は一括による金銭による支払いであるが、取引債務との相殺・役員や従業員の報酬（給与）との相殺という形を取ることもある。役員の場合は、税務対策として退職金との相殺を見越して長年にわたって計上されている場合もある。従業員の住宅資金等のための貸付けの場合は、給与天引きで返済がされることが多く見受けられる。商取引のある先であれば支払債務との相殺ということもあるし、別途定期的に銀行振込みにより回収をすることもある。

こうした回収方法を理解し、過去の回収実績を確認していけば、回収可能性についても、おおよその見当はつくことになる。ただし、貸付金の場合は、営業債権のように過去の取引状況から回収可能性を判断することは危険である。一般の事業会社の場合、貸付取引は継続的に行われる商取引とは異なることが通常であることから、回収可能性の検討も、個別の貸先の状況を勘案しながらの個別検討となることが必要である。

役員・従業員への貸付金については、特殊な場合を除き、将来の給与・賞与・退職金から返済されることになるため、回収可能性の検討もこうした情報を元に行うことになる。なお、オーナーに対する貸付金に関する税務上の留意点については、「第3章　**12. オーナーに対する貸付金の解消**」を参考にされたい。

なお、著者の経験した事案では、代表者一族に対する貸付金が膨大にあり、かつ、借りた本人が「借りた」のではなく「もらった」と認識していたケースが存在した。このような場合には、本人から回収するには法的措置を取らざるを得ないが、そういった判断が取れないケースがほとんどである。そのため、このような場合には、実態純資産の調査においては回収可能額をゼロと評価することになるが、財産評価基本通達に基づいた相続税評価額は帳簿価額と一致することになる。

関係会社への貸付金の回収可能性の判断は、時に困難を極めることになる。実態純資産や将来収益の予測については、調査対象会社の意向や将来収益に左右される場合が多く、当該貸付先の財政状態を検討するだけでは判断ができないこととなる。これらの回収可能性については、調査対象会社と一体で判断するか、同社を将来的に売却・清算することを想定した清算価値を基にした判断となるかで、評価額が大きく変動することになる。

事業承継を念頭に置いた財務デューデリジェンスの場合は、以上のような回収可能性の検討と同時に、実質的に回収が不可能な債権を税務上損金計上するための方策も同時に検討することになろう。例えば、多額で長期的に解決が困難な債権や、法的な整理手続きに入っているにもかかわらず返済額の確定がされていないため損金処理できない債権については、サービサー等への債権売却を検討することになるが、財務デューデリジェンスの手続きでサービサーへの開示情報の多くを収集することが可能である。

No.3：利息の計上

会社が貸付けを行う場合は、法人税法上、利息の計上が求められる。会社の活動には経済合理性が求められるためである。受取利息の計上の有無も確認が必要で、計上された利息が回収可能な債権になっているかどうかもあわせて検討が必要である。

経営者等への実質的な貸付金について、仮払金などの別の勘定科目で処理されてしまっているケースでは利息を計上していないケースも多い。利息は、取引上必ず計上なければならないものではないが、その計上がなされているかどうか、されていないときはその理由の有無などを理解することによって、それぞれの貸付先との関係の理解を深めることができる。

【ケース・スタディ】

貸付金に関する誤謬は、同勘定科目を主体として行われたものよりも、他の項目から派生して修正を入れることが多い。現預金の項で紹介した事例も、実際には役員が自己消費してしまった現金が、役員への貸付金で処理されておらず現金のまま記帳されていたというものである。

ケースとして多いのは、資金が足りない関係会社に当座必要な資金を回し、これを仮払金で処理しておくことである。「緊急に行ったものであることから契約書もなければ、将来の返済計画（返済を前提とした資金繰り計画）も作成されていない。決算をそのままやり過ごしてしまい、気が付いたら10年近くも仮払金が計上されたままになっている」こういった事例は非常に多い。

また、貸付金の処理については、多くのケースで経営者は会計処理（又は税務上の処理）の判断を顧問税理士に任せてしまっている。ひどいときは「税理士がどういう処理をしているか全然知らない」という経営者もいる。事業承継を検討している経営者・次期経営者の方は、デューデリジェンスを機会に過去の税務上の処理が「どのような判断でどう行われたか、その結果はどうだったか」を十分に理解されるとよい。このデューデリジェンスが事業承継を目的として行われているものであればなおさらのことである。

❺　前払費用

企業会計原則注解【注５】⑴前払費用によれば、「前払費用は、一定の契約に従い、継続して役務の提供を受ける場合、いまだ提供されていない役務に対し支払われた対価をいう。（中略）また、前払費用は、かかる役務提供契約以外の契約等による前払金とは区別しなければならない。」とされている。前払費用は既に支出をしたが、まだ費用とすべきものではないために（他に計上する場所がないから）資産に計上される性質のものであると理解できる。期間損益計算を正しく行うための会計上のテクニックである。

しかし、第３章で解説するように、法人税の計算上、前払費用として認識せずに、損金処理することを認めているものも少なくない。そのため、前払費用に計上しているもののうち、このようなものが存在するか否かの確認が必要になる。

No.1：前払費用の内容と計上額

前払費用に計上される項目は、通常、保証料・保険料・賃貸料・利息等である。これらの原契約を確認した上で、実際の金銭の支払いのタイミングと支払いが行われた事実を確かめ、期間対応の計算が適切になされているかどうか再計算することで内容と計上額が妥当なものか否か、判断ができる。

No.2：特殊なケース

一部の業種の場合、前払費用を金銭債権と同様に考慮することがある。例えば、自動車リース業の自動車保険や自動車税の前払い分は、取引先が途中解約した場合に回収が想定できるものである。この場合は前払費用が立替金の性格を持つものであるため、立替金（金銭債権）に準じて評価をすることが必要となろう。

❻ 未収入金・仮払金・その他流動資産

その他の流動資産については、いずれも売上債権の手続きに準じて内容の確認と評価の妥当性を検討するとよい。未収入金・仮払金・立替金・未収収益・前渡金など、財務諸表において表現される勘定科目は異なるが、その多くは貸付金と同様に個別の回収可能性を検討することが求められる項目である。すなわち、取引先はいかなる相手で、その契約の内容はどうなっているか、過去の回収実績と現在の相手先の状況から将来の回収可能性を検討することになる。

No.1：未収入金の内容、入金条件

未収入金は、貸付金の認定利息（本体は未収収益）、固定資産や有価証券の売却時の未回収資金、実質的な貸付金などが計上されているケースが多い。

それぞれの相手先別にその発生の原因を確かめて、将来的に回収が可能なものかどうかを確かめることが求められる。売上債権のような継続取引ではない場合が多いため、貸付金と同様に個別の事情を勘案して回収可能性の判断をすることになる。

なお、未収入金と似た勘定科目に未収収益がある。企業会計原則注解【注５】⑷未収収益によれば、「未収収益は、一定の契約に従い、継続して役務の提供を行う場合、すでに提供した役務に対していまだその対価の支払を受けていないものをいう。（中略）また、未収収益は、かかる役務提供契約以外の契約等による未収入金とは区別しなければならない。」とされている。

No.２：仮払金の内容

仮払金は、「支払いを行ったものの、その内で費用化される額が支出時点では確定していないため、短期的に支払いがあった事実を帳簿に記載しておく」といった性質のものである。通常は、従業員の旅費や、消耗品などの小口の支払いのために利用されることが想定される。財務デューデリジェンスの結果としては、仮払金勘定は全額が何らかの勘定に振替処理されることが求められる。

仮払金はその性質上、多額に計上されることは想定されないであろう。何年にもわたって多額又は同じ相手先に同額の仮払金が計上されているケースでは、過去に支出した項目の最終処理が何らかの理由でできないことを示している。第三者に資金提供し、これを仮払金で据え置くことはほとんどのケースで存在せず、グループないしは役職員間での仮払金の未精算というのがケースとしては多い。

特に、会社の財産と個人の財産の区別に対するオーナーの意識が希薄な場合には、オーナーに対する仮払金が多額になることが多い。そのような場合には、貸付金に振り替えた上で、「❹　**貸付金**」で解説したような調査方法を実施することになる。

【ケース・スタディ】

筆者が経験した事例には以下のようなものがあった。

（例１）　グループ内の１社の業績が悪いために費用の立替払いをした。金銭消費貸借契約もなく、返済の計画もなく、税理士事務所に処理を任せたら仮払いのままになってしまった。一方で、資金の供与を受けた側の会社では借入金の認識の処理もなく、当該立替払いしてもらった経費の計上の処理もしていなかった（こちらの会社も同じ税理士事務所が担当）。実質的に赤字だったにもかかわらず、資金の供与を受けた時点では黒字決算となっていた。

（例２） 資金繰りが厳しくなってきたため、自転車操業で資金をグループ内で回していた。毎回資金移動の都度の処理をせず、精算処理を税理士事務所に任せてしまい、相殺漏れが多発。グループ内の債権債務が把握できなくなってしまった。

こうしたケースは、事業承継を検討する際には要注意である。債権額を確定できないため、損失を確定するためのサービサー等への売却も困難であると同時に、過去に損金として処理しなかったものを損金として処理することも困難である場合も考えられる。ただし、そのような場合であっても、第３章で解説したように、このような事実を把握することにより、相続税評価額を引き下げることが可能になる。

No.3：その他の流動資産

立替金は、未収入金・仮払金と同様の手続きにてカバーが可能である。

前渡金は、その回収が金銭ではなく棚卸資産などになる。取引先の情報を入手するとともに、取引の契約内容を確認することも重要である。取引がキャンセルになった場合の返金の可能性、キャンセル料などを差し引いた後の入金見込額を確かめること、また、後日入手する予定の棚卸資産・サービス内容についても理解をし、それらの実質的な価値が前渡金の金額に見合うものであるかどうかの検討も必要である。棚卸資産を入手するケースでは、正味実現可能価額はいかほどになるかといった、棚卸資産の評価に準じた検討も求められることになろう。

❼ 有形固定資産

事業承継を考慮するに当たり、不動産は特に重要視される資産項目である。

一般的に固定資産は流動資産に比べて、処分に時間がかかる。また、価格も大きくなりがちである上に、変動することも多い。そのため、事業承継の対策を行うに当たり固定資産（特に不動産）の処分を行う場合には、スケジュールにも余裕が求められることになる。

ここでは、不動産である土地・建物と、その他の有形固定資産に分けて手続きの解説をすることとする。

①　土地・建物

NO.		確認
1	現地調査	□
2	不動産評価	□
3	担保提供資産	□

No.1：現地調査

中小企業の場合、不動産が会社のバランスシートの資産の部の多くを占めることもある。その上、会社の本社・支店・営業所といった事務所から主要な工場を含めた「事業用資産」だけでなく、直接的に事業には関係のない「事業外資産」を保有している場合もある。事業外資産の中には、賃貸物件として会社のキャッシュフローに貢献している物件もあれば、なんら利用価値のない遊休設備・土地である場合もある。

こうした不動産が実在することを確認しておくことは、財務デューデリジェンスの手続きにおいて非常に重要である。なぜならば、相続税の納税資金が不十分な場合には、事業外資産を処分することで現金化し、納税資金に充当するという選択肢も考えられるからである。準備段階で、不動産の登記簿謄本・公図・固定資産税の課税通知書・不動産鑑定評価書などを入手し、不動産に関する所有権や担保権といった法的な権利とそれらの価値についての理解をしておくことが必要である。これらの予備知識をもって現地調査に向かえば、現物と数字のイメージがつかみやすくなる。工場別・店舗別・部門別など、会計単位が分かれている場合も、物理的に分けられた現場を視察することで、より深く理解をすることができるようになる。土地の境界線や区分保有している建物の境目など、現地でしか確認することができないものもある。場合によっては写真を撮っておくなど、後日の再確認ができるようにしておくことも必要とされる。

～ワンポイント・コラム～：現地調査は重要！

また、不動産の現地調査に直接の関係はないことだが、どの業種にも共通するポイントとして、現地調査をすることによって損益計算のイメージがしやすくなることが挙げられる。数字だけで売上を追うよりも、実際に人や機械が動く現場を見る方が、数字の意味をより深く理解できるということである。これは、有形固定資産だけでなく、全ての財務諸表項目の手続きを行う際に求められることである。

No.2：不動産評価

第１章に解説したように、財産評価基本通達に基づく評価においては、土地については路線価方式又は倍率方式により評価を行い、建物については固定資産税評価額を基礎に評価を行うことが一般的である。そのため、まずは、財産評価基本通達に基づく評価を実施することが望ましいと考えられる。

しかし、一部の不動産については、財産評価基本通達による評価額が実際の時価よりも高いケースが考えられる。このような不動産のうち、金額的重要性が高いものについては、財産評価基本通達による評価額だけでなく、不動産の本来の時価を把握する必要があると考えられる。なぜならば、含み損を実現することにより、類似業種比準価額を引き下げることが可能になるだけでなく、本来の時価が相続税評価額よりも低い場合には、時価純資産価額を引き下げることも可能になるからである。

通常の場合、不動産の評価については、専門家である不動産鑑定士に任せることが多い。金融機関と別除権評価額の交渉を行う場合などには、不動産鑑定士による評価書が必須とされることが多いが、通常の財務デューデリジェンスの場合は、固定資産税評価額・公示価格・買受けの意思のあるものと交渉している価格などを用いる。

償却資産である建物については、これらの価格のほかに税法に従った減価償却計算をした場合の帳簿価額が存在する。どれを採用するかは、そもそもの財務デューデリジェンスの目的が何かによるが、通常の場合は税法上の償却後簿価を利用することは少ない。償却計算はあくまでも税額を計算することが目的であって、その資産の価値を図る目的のものではないからである。

なお、全ての不動産について評価を行うにはコストがかかりすぎるという問題点があるため、どの不動産に対して不動産鑑定評価を行うのかという点については、依頼者との話合いを行った上で、決定する必要がある。

No.3：担保提供資産

金融機関等からの借入金がある場合、不動産を担保提供するケースは多い。不動産に関する権利を理解するため、不動産ごとの担保の設定状況と、特定の日現在の借入金のうち、担保でカバーされている範囲はどの程度かを理解することは大切である。複数の不動産を保有している場合や共同担保になっている場合など、金融機関の保全額の計算が複雑になることもあるが、一定の仮定をおいて計算すればよい。不動産の鑑定がなされている場合は、正常価格による割付を行えばよいが、これがない場合は固定資産税評価額や公示価格を利用するとよい。

②　その他の有形固定資産

NO.	確認事項	確認
1	償却計算の妥当性	□
2	固定資産台帳と現物の確認	□
3	管理方法	□

その他有形固定資産、すなわち、建物附属設備、機械装置、車両運搬具、工

具器具備品についての調査も重要である。なぜならば、一般的に、中小企業においては固定資産の現物管理が不十分であることが多いことから、除却済みの固定資産が固定資産台帳に残ってしまっているケースも少なくないからである。著者の経験した事案では、撤退した店舗の内装や備品について何ら除却処理されておらず、固定資産台帳に残ったままであったという事案があった。固定資産の現物管理がきちんとされている会社であったため、個々の固定資産の除却であればきちんと経理まで連絡が行くようになっていたが、店舗の撤退であることから、「店舗の撤退」という事実のみが経理に知らされて、建物以外の除去処理が漏れてしまっていたという皮肉な話である。

また、その他有形固定資産のうち、ほとんど遊休状態になっているもの、買換えをしないと早期に故障してしまうことが明らかなもの、陳腐化をしていることから新しい製品に対応できないものがある。そのため、有形固定資産の実在性のほか、固定資産の状況についても調査を行う必要がある。

No.1：償却計算の妥当性

個々の固定資産について、償却計算が妥当であるかどうかを確認する。エクセルなどで償却計算のフォーマットを作成しておけば、比較的簡単に計算をすることは可能である。税法上、減価償却は強制されるものではないため、中小企業においては利益の調整弁として利用されることが多い。固定資産税評価額のある建物と異なり、その他の有形固定資産の場合は客観的な価値を示すものがないため、税法上の償却後残高をもって実態価格として捉えることが多い。また、適正に減価償却を行った後の税法上の償却後残高が相続税評価額に近い金額となるため、除却や買換えの予定がない限り、この評価方法で行うことが一般的であると考えられる。そのため、適正な償却計算がなされているかどうかを確認する手続きが必要である。その結果、過去に償却不足がある場合など、適正な計算がなされていない場合は正しい計算を行っていれば現在の簿価はいくらになっているのかの再計算をすることが必要となる。

No.2：固定資産台帳と現物の確認

不動産以外の固定資産についても固定資産台帳などの補助元帳と現物の突合

せをすることが望ましい。実際の手続上は、不動産の現地調査と併せて行うことが多いが、小売業のように一部のフロアを賃貸して使用している場合には不動産の現物調査を行わないとしても、実在性の突合作業を実施することが望ましい。重要な機械や備品などの存在を確かめることは当然に必要な手続きであるし、架空資産の計上につながる除却洩れがないことの確認は、相続税評価における計算上、過大な簿価純資産価額や時価純資産価額を基礎に計算することを避けることができるため、本書の趣旨に沿う手続きである。なお、有形固定資産の量が膨大である場合には、外部専門家や経理担当者だけで現物確認をするのは不可能であるため、現場の人達の協力の下、固定資産の突合作業を実施するというのも１つの選択肢である。ここで発見された簿外資産や帳簿と現物の差などについては、原因を把握した上でその対処法を検討することになる。

現物の確認は存在を確認するのみでなく、当該固定資産が機能的に将来も必要なものであるか否かを判断する材料を提供することにもなる。全く利用価値がないものなど、事業の用に供しないものは廃棄や売却といった処分方法を検討することになる。また、早期の買換えが必要になる場合においても、既存の固定資産については廃棄や売却といった処分方法を検討することになる。

なお、早期の買換えが必要なものについては担当者にヒアリングを実施することにより把握することができるが、この点については、後述する「**４．事業計画の作成**」において設備投資計画を検討する作業と同時に行うと効果的である。

【ケース・スタディ】

著者の経験した事案では、固定資産台帳に計上されている固定資産が除却済みで存在していなかったという事案も多いが、工場の隅で使用可能性のない機械が埃をかぶって放置されていたという事案があった。現場の人達によると、将来使えるかもしれないということと、廃棄するのにもお金がかかるという理由により放置していたとのことである。会計監査を受けている場合には、このような資産を除却処理するか、減損処理すべきであるという主張が会計監査人から生じるが、会計監査を受けていないという都合上、税務調査で税額を減少するような除却処理を指導されるわけがないため、経理担当者も顧問税理士もそのような固定資産の存在を調査する必要がないと考え、そのままにされてしまっていたという事案である。第3章で解説するように、このような固定資産を廃棄することにより、利益金額、簿価純資産価額、時価純資産価額を引き下げることが可能になるため、相続税の引下げが可能になる。

No.3：建設仮勘定

建設仮勘定は原則として何らの修正も行わない。ただし、建設が頓挫している場合や工事中に事故が起こったことにより追加コストが莫大にかかった場合などには時価評価が必要となるであろう。

No.4：管理方法

固定資産の管理方法を確認することも必要である。紛失や盗難を避けるための処置、固定資産の棚卸し（現物確認）を行うための番号管理などが行われているかどうかといった管理状況を理解することによって、簿外資産・架空資産の存在を確かめる足がかりになる。一般的に固定資産の番号管理を徹底している中小企業は少なく、現場の感覚に任せてしまっているというケースが多い。規模が小さい場合にはそれでも問題ないが、規模が大きくなるにつれ、固定資産を除却したという事実を経理担当者に伝えるという体制が整備されていないことから、除却済みの固定資産が固定資産台帳に計上されたままになってしまっているという事例が多い。そのため、最終的には、「No.2：固定資産台帳と現物の確認」で解説したような現物確認を実施することになろう。しかし、その際に、除却せずに残っている固定資産に対する番号管理を整備させることにより、二次相続で同様の問題が生じないような体制にするということも必要であろう。

また、管理方法は現物の管理のみでなく、固定資産を購入した際の契約書の管理や、固定資産台帳などの帳簿の管理も含まれることに注意が必要である。

こうした管理方法を理解することは、単に財務デューデリジェンスの手続きの過程で必要なことではなく、実際の会社の経営を行うに当たって当然に理解しておかなければならないことである。外部の者に財務デューデリジェンスの手続きを依頼した場合、少なくとも会計監査を経験した者であれば他社の管理方法も知っていることから、自社に問題があるかどうかや、他社の管理方法で参考になるようなコメントも要求すると、より有用な結果が得られるであろう。

【ケース・スタディ】

有形固定資産に関する誤謬は、実在性(実際にはないものが帳簿に載っている)と、減価償却不足がそのほとんどを占める。筆者が財務デューデリジェンスを行った中小企業で、これらの修正が全くなかったという会社は皆無である。有形固定資産は修繕や買換えといった現金支出が伴う際には気になるものの、買ってしまった後は計算上の費用が立つだけと考える経営者が多く、その上、税理士事務所も利益の調整弁として利用するため、決算書上の数値にほとんど意味がないことになってしまう。

「利益が出ないときは減価償却をしないのが常識」という会計事務所の常識(?)がある限り、決算書の数値が会計処理の誤りによるものという感覚もないであろう。しかし、会社の業績が回復したとしても、法人税法上、過去の償却不足額を一気に損金処理を行うことはできないため、過去の償却不足額についてはそのまま残ってしまう結果になる。そのため、貸借対照表に計上されている固定資産の帳簿価額があるべき帳簿価額や時価と乖離してしまうことがある。

❽ 無形固定資産

NO.	確認事項	確認
1	実在性	□
2	換金価値の有無	□

無形固定資産として計上される主なものは、借地権、電話加入権、特許権、商標権、著作権、ソフトウェアなどである。その名の通り形のない財産である

ため、現地調査などで実物を確かめることはできない。過去に締結された契約書・支払いの事実を示す書類との照合や、実際の利用状況を確かめることによって、実在性を確かめることになる。

M&Aのための財務デューデリジェンスにおいては、買収対象企業の価値を判断することが重要であることから、特許権、商標権、著作権に対する評価に重要性があることが多い。しかし、事業承継のための財務デューデリジェンスにおいては、相続税引下げが主目的であることから、さほど重要性のある項目ではない。なぜならば、外部から特許権、商標権、著作権等を購入することが稀であることから一般的に帳簿価額は少額であり、かつ、相続税評価上も営業権と一体として評価されることが多いため、相続税引下げの対策に使用することが困難であるからである。そのため、本書では具体的な解説は省略する。

これに対し、ソフトウェアに対する調査については、IT技術が進むにつれ、帳簿価額が増加傾向にあるため、重要性が高くなっていくことが考えられる。

① 借地権

No.1：実在性

借地権の実在性は、不動産の利用状況の確認をすることから検証できる。当該土地及び建物の登記簿の謄本を取り寄せることで、所有権は明らかになる。その上で、不動産の賃貸借契約書の内容と照合する。借地権の実在性は、こうした手続きで確認することができる。

No.2：換金価値

相続税法上、借地権の評価は土地に準じて借地権割合等を基礎に評価される。そのため、土地と同様に基本的には財産評価基本通達に基づいて評価を行い、財産評価基本通達による評価額が実際の時価よりも高いものについて、不動産鑑定評価を行うということになろう。

ただし、借地権に含み損があったとしても、当該含み損を実現させることが難しい場合も多いため、実態純資産の調査の段階では簡便的に財産評価基本通達に基づく評価を行い、株価引下げ対策のタイミングで追加的に借地権に対する不動産鑑定評価を行うというのが現実的な対応である。

なお、株価引下げ対策に使用することができるか否かの判断のために、底地権者が経営者なのか、それとも、経営者以外の者であるのかについては把握しておく必要があろう。

②　電話加入権

No.1：実在性

電話加入権の実在性は、加入時の記録があればこれで検証ができるが、多くの場合、記録が残っていないため、調査対象企業の会計帳簿と電話会社から毎月送付される請求明細で確認することが多い。すなわち、会社作成の電話加入権のリストを入手し、どの電話がリストの番号と一致するかを確認することで確かめることができる。

実務上、これで特に支障をきたすことはないと思われる。

No.2：換金価値

電話加入権の換金価値は、現状ではコストゼロで加入受付をする業者もいることから、M&Aや企業再生を目的とした財務デューデリジェンスではゼロ評価するケースも多いであろう。

しかし、事業承継を目的とした財務デューデリジェンスでは、平成19年分東京国税局管内1回線当たりの基準価額が4,000円であるなど財産評価基本通達に基づく価格があるため、これを意識した価値の算定をすることになる。

③　ソフトウェア

No.1：実在性

ソフトウェアの実在性は、当該ソフトの開発時点の書類を確認することで確かめる。その上で、実際の当該ソフトウェアの稼働状況を確認し、これらのソフトウェアが現状のビジネスに利用されているかどうかの確認をする。既に後継ソフトの開発を進めているものや、陳腐化が著しいものの有無も同時に確かめる。ソフトウェアについては、単に無形固定資産の一項目として調査を行うのではなく、会社全体の業務システムがどのように整備されているのかを確かめる段階から調査を行うことが必要である。

No.2：換金価値

通常、ソフトウェアはそれ単独では転売が不可能である。システム自体は汎用性のあるものではなく、会社の業務システムに強く結び付いたものだからである。

しかし、財務デューデリジェンス上の評価は、転売が不能ということでゼロ評価するのではなく、税法上の償却計算（５年間の定額償却）後の帳簿価額を付すことが多い。これは、ソフトウェアの陳腐化の度合いを測ることや、そもそも、同じシステムを再度開発するときのコストを合理的に見積もることが困難であることから、最も客観性のある税務上の償却後簿価を利用することしか方法がないとの考えによるものと思われる。

ただし、一部には、使用していないソフトウェアも存在するため、そのような場合には、ゼロ評価を行い、将来の除却処理により、相続税評価額を引き下げることを検討すべきである。

❾ 有価証券・投資有価証券

NO.	確認事項	確認
1	実在性と管理方法	□
2	評価方法	□

「中小企業の会計に関する指針」では、有価証券を保有目的の観点から分類している。分類方法は下記の通りである。

⑴　売買目的有価証券

⑵　満期保有目的の債権

⑶　子会社株式及び関連会社株式

⑷　その他有価証券

また、貸借対照表の表示区分についても、同指針23．貸借対照表上の表示にて、「売買目的有価証券及び決算日後１年以内に満期の到来する社債その他の債権は流動資産に属するものとし、それ以外の有価証券は、投資その他の資産に属するものとする。」とある。

大企業・中小企業に限らず、何らかの目的で有価証券を保有することは多い。大企業は平成15年ごろに株式の持合い解消の動きを活発化させたが、中小企業の場合は取引の関係上、保有している有価証券を売ることが困難であった。また、本業とは関係のない株式の売買を会社を通じて行っている経営者もいる。財務デューデリジェンスでは、まず、こうした有価証券の保有目的を明らかにすることから手続きが始まる。なぜならば、有価証券を売却することにより、将来における相続税の納税資金の確保をするということも考えられるため、会社のキャッシュフロー及び借入金の状況によっては、有価証券を保有し続けるべきか売却すべきかの意思決定を求められることになるためである。

No.１：実在性と管理方法

まず、各種有価証券についてその保有目的を明らかにする。これを理解した上で、その保有目的が「中小企業の会計に関する指針」のどの分類に当たるかを確定する。ハイリスクなトレーディングによる売却益を目的としたものか、金融機関や取引先などとの関係上保有しているものかなど、それなりの保有目的があるはずである。

こうして、保有目的を明らかにした上で、各種有価証券の実物が存在するかどうかを確認する。現物を金庫等に保管している場合は、それらの証券の現物（所有者と株数など、証券に印刷されている事実）を確かめる。証券会社等を通して保護預けサービスを利用している場合は、預り証にて実在性を確かめる。

これらの手続きと同時に、管理方法（すなわち、金庫で管理している、金庫の鍵は特定の担当者しか触れない等）を確認することも必要である。換金性の高い有価証券は、現金や手形・小切手と同じで、事故が起こりやすい項目である。

また、有価証券の購入や売却の意思決定がどのようになされているのか、その際の入出金の流れがどうなっているのかを捉え、帳簿金額に計上されるまでの経緯を確認することも重要である。中小企業の場合は人員の絶対的な数の問題もあり、いわゆる内部統制は期待できないことが多い。誰が管理、記録し承認しているかは重要な情報であることは、現金の管理の場合も有価証券の管理の場合も全く同じである。

No.2：評価方法

評価方法については、流動資産としての有価証券、固定資産の投資有価証券という表示上の区分は無視し、有価証券を市場性のある有価証券、市場性のない有価証券の2つの区分に分けて解説をする。

① 市場性のある有価証券

有価証券に時価があるため、評価基準日又は調査日現在の時価をもって評価額とする。取引の関係上売却をすることが現実的でない場合でも、実態純資産を明らかにするという目的から時価への評価替えは必要である。

② 市場性のない有価証券（子会社・関係会社株式を除く）

デューデリジェンスの対象となる会社が市場性のない有価証券を保有していることがある。しかし、時価の把握や売却が困難であることから、財産評価基本通達に基づく評価を行うことが一般的である。なお、売却予定のあるものや、市場性のない有価証券を発行している法人が清算する可能性がある場合には、売却見込額等により評価を行うことになる。

⑩ 子会社・関係会社株式（出資金含む）

NO.	確認事項	確認
1	実在性と管理方法	□
2	評価方法	□

子会社・関係会社株式（出資金）の財務デューデリジェンスの手続きは、有価証券とほぼ同じである。当該子会社・関係会社の設立目的などについては事前準備として行う全般的事項のインタビューの際につかんでおく事項であるが、他の有価証券の保有目的を明らかにする段階で、設立時の企業グループの

状況や具体的な設立方法(新規設立なのか、第三者から譲り受けたものなのか、自社グループ内で事業の再編を行った結果なのかなど）といった、具体的な状況も明らかにする。更に、グループ内の位置づけがこうした設立目的に合致しているかどうか、グループ内の取引関係がどのようになっているかを理解する。この理解は、グループ内債権債務の実在性や評価の検討をする際にも不可欠な情報となる。

No.1：実在性と管理方法

子会社・関係会社株式についても、その実在性と管理方法の調査手続きは通常の有価証券と同じである。ただし、グループ会社の株式はそもそも株券が不発行であるケースも多い上に、本当の株主が誰であるかを示す書類がないことも多いため、慎重な対応が必要である。

No.2：評価方法

評価方法については、実態純資産による評価が望ましい。通常、子会社・関係会社については、調査対象会社と同じタイミングで同様のデューデリジェンスの手続きを行えることが多い。

当該子会社・関係会社が業績不振で、実態債務超過である場合には全額を減額することになる。それ以外の場合は、実態純資産に持分割合を乗じた金額をもって評価額とする。また、第３章で解説するように、実質債務超過である子会社・関係会社を清算したり、再生させたりすることにより、相続税評価額が大幅に引き下げられることがある。

この評価方法はあくまでも企業の実態を示すためのものであるため、相続税の試算をする際には別途、財産評価基本通達に従った試算をすることが必要である（参照：第１章　**２．財産評価基本通達による非上場株式の評価**）。

⓫　その他投資

その他投資の項目には、有価証券以外の長期保有目的の資産が計上される。敷金・保証金、保険積立金、長期前払費用（税務上の繰延資産を含む）やゴルフ会員権、投資用不動産、定期預金などが計上される。その性質上、本業と関係ない資産が計上されることにもなり、再生の目的でも事業承継目的でも、将来的にどう処分するかに焦点を当てた調査が行われることが多い。

まず、敷金・保証金は、不動産の賃借の資金・保証金や取引の担保としての保証金が計上される。これらについては、本業に直接必要なものであることが多い。財務デューデリジェンスの検討のポイントは、契約上の条件と回収可能性である。

次に、保険積立金については、解約した際にいくらの解約返戻金が戻ってくるかどうかがその保険積立金の時価であると考えられるため、保険積立金の評価は解約返戻金の額で評価することになる。なお、中小企業の場合、法人を受取人とした社長の生命保険が多い。税理士事務所が保険代理店を兼ねており節税にもつながることから、加入している企業は非常に多い。そのため、財務デューデリジェンスを行った場合には、多くのケースにおいて直面することになると考えられる。

また、長期前払費用は、「一定の契約に従い、継続して役務の提供を受ける場合、いまだ提供されていない役務に対し支払われた対価」のうち当該役務の提供が期末日から１年を超えて発現するもののほか、いわゆる税務上の繰延資産である。換金性のあるものではなく、時間の経過とともに費用化されていくものであるため、基本的には財産評価基本通達に基づく評価を行うことになると考えられる。

さらに、ゴルフ会員権は有価証券と同じく、時価のあるなしで評価の方法が異なる。預託金なのか、株式なのかによっても扱いが異なる。

①　敷金・保証金

NO.	確認事項	確認
1	実在性・契約内容の把握	□
2	回収可能性	□

No.1：実在性・契約内容の把握

敷金・保証金については、不動産の賃借や保証金差仕入先との取引など、これらが差し入れる原因となった事実があるはずである。まずは、この事実を把握する。

事実として、これらを差し入れる必要性があったことを確認した上で、相手先との契約書を閲覧し、これら、敷金・保証金の実在性を確かめる。契約書を閲覧することで、帳簿上の金額（一定期間で償却される性質のものであれば、償却後簿価）と契約書上の金額の一致が確認できる。また、返還条項や差入れの期間といった、契約内容も把握することができる。

No.2：回収可能性

敷金・保証金が資産計上されている以上、これらの元となった取引がなくなれば返還されるはずである。契約書により返還される性質であることを確かめた上で、差入先の状況を考慮して回収が可能であるかどうかを検討する。回収可能性の検討については、売上債権に準じた検討を行うこととなる。

②　保険積立金

NO.	確認事項	確認
1	実在性・契約内容の把握	□
2	評価額（解約返戻金の額）の確認	□

No.1：実在性・契約内容の把握

まずは、保険加入の目的を明らかにする。加入契約が複数ある場合は、それぞれの契約ごとにその目的を明らかにすることが必要である。合理的に見積もられた将来の備え、税理士事務所との付合い、節税目的など、様々な目的が考えられる。加入目的が曖昧な場合や事業継続に不要と思われる目的の場合には、無駄な資産の圧縮の1つの材料になるであろう。

加入目的を明らかにした上で、保険証券を閲覧し、当該保険証券から、保険会社・証券番号・保険金の支払方法・保険の種類・掛金・契約日・保険料払込期間を把握し、保険積立金の実在性を確認する。

No.2：評価額（解約返戻金の額）の確認

評価は契約上の理論価額や払込済みの掛金の額ではなく、調査基準日や調査日現在で解約した場合の解約返戻金の額を付す。この解約返戻金の具体的な額については、契約先の保険会社に問い合わせて確認をしてもらうことになる。

③　ゴルフ会員権

NO.	確認事項	確認
1	実在性と管理方法	□
2	評価方法	□

No.1：実在性と管理方法

まず、ゴルフ会員権を入手するに至った経緯を明らかにし、証券などの現物を確かめる。証券等の管理方法についても聴取が必要で、基本的には現金預金と同様の手続きとなる。

No.2：評価方法

相続税や贈与税を計算する際のゴルフ会員権の評価方法は、財産評価基本通達に銘記されている。実態純資産を明らかにする財務デューデリジェンスにおける評価方法としては、財産評価基本通達をベースとし、70％相当額への調整を行わないことになろう。以下で、株式部分と預託金部分に分けて解説をする。

なお、株式の所有を必要とせず、かつ、譲渡できない会員権で、返還を受けることができる預託金等もなく、ゴルフ場施設を利用して単にプレーができるだけのものについては、評価額はゼロとなる。

ⓐ　株式

a．取引相場のある会員権

評価基準日あるいは調査日現在の取引相場を評価額とする。

b．取引相場のない会員権

有価証券・投資有価証券の「市場性のない有価証券」で述べた通り、

原則として、財産評価基本通達による評価を行うことになる。

ⓑ　預託金

ａ．取引相場がある会員権

返還可能な預託金であれば、ゴルフクラブの規約などに基づいて返還できる金額を算定して、当該価額をもって評価額とする。ただし、単に規約に準じて評価をすればよいのではなく、当該ゴルフクラブの財政状態から回収可能性を検討し、回収が疑わしい場合には評価額を減額することも必要となる。

返還不能な預託金は、そもそも資産計上されるべきものではなくゼロ評価とする。

ｂ．取引相場のない会員権

預託金についての評価の考え方は、当該会員権の取引相場には関係がない。従って、取引相場のない会員権の場合も「ⓑａ．取引相場ある会員権」と同様の評価方法となる。

④　投資用不動産・定期預金

投資用不動産については有形固定資産、定期預金については現金預金と同様の手続きとなる。

⓬　リース物件

NO.	確認事項	確認
1	リース物件の確認、契約内容の把握	□
2	管理方法	□

M&Aや企業再生を目的とするデューデリジェンスにおいては、法人税法上、資産計上する必要のないリース資産についても資産計上し、リース債務を認識するということを行う。

しかし、解約を予定しているリース資産に対する未経過リース料であれば、解約することにより確定債務にすることが可能であるため、資産の売却価値と同時に調査をすることが必要であるが、それ以外の場合には、株価を引き下げる要因になり得ないため、そこまで厳密な評価を行う必要はないと考えられる。

No.1：リース物件の確認、契約内容の把握

リース取引により使用している資産の一覧表を作成し、それぞれのリース資産について、それらの取得時に通常の売買にしなかった理由を確認する。

その上で、リース契約書（もしくは、物件、月々のリース料、未経過リース料が記載された書類）とリース物件を確認する。これらを確認することで、リース料の支払い、前払・未払リース料の計上、リース契約解約時の処理などが適切になされているかどうかが検証できる。

No.2：管理方法

個々のリース資産の管理方法についても聴取する。通常、リース資産は、通常の売買によって取得した固定資産とは異なる管理（固定資産台帳に掲載されない）がなされていると思われる。

番号管理がない場合や、取得が、当該資産の紛失や盗難防止の対策がなされているかどうかも大切なポイントである。また、リース契約締結時や解約時の意思決定過程がどのようになされているか、といった情報も必要である。

⑬ 繰延資産

「繰延資産の会計処理に関する当面の取扱い」（平成18年８月11日　企業会計基準委員会）によると、次のものが、繰延資産として扱われている。

(i) 株式交付費

(ii) 社債発行費（新株予約券の発行に係る費用を含む）

(iii) 創立費

(iv) 開業費

(v) 開発費

財産評価基本通達では、繰延資産には財産性がないため、ゼロ評価になるとされている。

No.１：評価

貸借対照表に計上されている繰延資産の内容を把握し、換金価値の有無を確認する。繰延資産に分類される項目については、換金価値はないはずであるため、全てゼロ評価とする。貸借対照表上、繰延資産とされているが、その他の項目に分類されるべきものは、各々の項目の評価方法に従った評価額を付す。

⑷　実態純資産の調査（負債サイド）
――簿外負債の把握

ここでは、貸借対照表の中で貸方に計上される負債項目の解説を行う。

計上されている資産の評価が正しいか否かがポイントとなる資産の部の項目とは異なり、負債はその計上されるべき金額が網羅的に貸借対照表に計上されているか否かがポイントとなる。負債の網羅性に疑いがある場合、すなわち、簿外負債の存在が疑われる場合は、簿外負債を発見しこれを負債に追加計上することにより、簿外負債額がそのまま実態純資産の価値を押し下げることになるため、負債の網羅性の検証は特に重要である。

既に支払いの確定している債務については負債としての計上が必要である。これは、費用の支払いのみでなく、資産購入の際の支払確定債務も同様である。一部の中小企業では、未払金、未払費用をきちんと認識せずに現金主義に近いやり方で費用の計上を行っているケースもあることから、費用の期間帰属の問題と同時に、未払金・未払費用の網羅的な計上を行うための修正が多く入ることがある。

また、支払いが確定していなくても、将来、発生する可能性が高く、かつ、その金額が合理的に見積もることができるなど、一定の条件を満たす場合、その支出や損失に備えて引当金を計上しなければならない。こうした引当金については、税務上、計上が必須とされるものではない、あるいは、計上しても否認されることが多いため、毎期の決算でも計上をしていない会社が多い。財務デューデリジェンスの手続きでは、こうした引当金についても追加計上の要否と計上額を検討することとなる。

❶ 仕入債務（買掛金・支払手形）

NO.	確認事項	確認
1	支払方法、支払条件、支払状況	□
2	主要仕入先	□

① 買掛金

買掛金については、仕入管理台帳・買掛金台帳等と決算書の数値の一致を確認し、仕入先ごとに計上から支払い・消込みの管理が適切になされているかどうかを確認する。その上で、計上の網羅性の検討を行い、計上不足が疑わしい場合には追加計上の必要性を検討することとなる。

なお、会計監査の場合は、取引先等に監査人が確認状を送付して外部証拠としての情報を入手するが、財務デューデリジェンスの場合には、確認状を発送することは行わない。この点は売上債権と同様である。

No.1：支払方法、支払条件、支払状況

買掛金台帳と決算書の数値との一致を確認する。不一致の場合は、買掛金台帳自体の信憑性に問題があるため、個々の仕入先別に請求書などからの積上計算が必要になってくる。買掛金台帳については、消込みの処理が毎月なされているかどうかの確認も必要である。

次に、仕入先との取引内容、支払条件を確認する。取引内容については、事前準備として行われる全般的事項のインタビューにおいて把握した会社の事業全体の観点から、どこが特に重要な仕入先で、代替が利く先なのかどうかについてまで確認するとよい。

ここで確認した取引内容と支払条件から、あるべき買掛金の金額を想定することができる。すなわち、支払条件が月末締め翌月末支払いであれば、当月の買掛金残高は今月１カ月分のみとなるため、年間仕入高の12分の１が毎月の買掛金残高に相当することとなる。継続取引先でない場合も、直近の取引状況を調べることで買掛金の残高が正しいか否かの判断材料を提供することはできる。

また、当期仕入れと回収期間の対比、支払計画書、特定の大口の仕入先との取引に偏りがないかといったリスク面に留意することにより、調査日現在の買掛金が正常な残高かどうかをチェックすることができる。この結果、計上額が少なすぎると思われる場合は、仕入債務の計上が洩れていることが考えられる。

なお、調査の範囲をどのレベルにするかについては調査対象会社の事業や規模によってくる。大手企業の下請業者の場合は、仕入・売上ともにほぼ特定の１社に集中することもある。こうした場合は、当該１社との取引の内容について詳細に調査をすることになる。一方、仕入先が数百社に上る小売店などの場合は、個々の仕入業者との取引の詳細よりも仕入先ごとの回転期間分析の方が有効である。

No.2：主要仕入先

主要仕入先については、再生の場合も事業承継の場合も、特に注意が必要である。経営者が交代した場合（これは事業承継により経営権が子息等に移った場合も含む）にも、従来通りの取引条件で仕入れが確保できるかどうかを検討することは、企業の将来を検討する上で重要な検討ポイントの１つである。

②　支払手形

支払手形については、支払手形管理台帳と決算書の数値の一致を確認し、仕入先ごとの残高が正しいかどうかを確認する。また、手形帳の現物の管理方法についても確認が必要である。支払手形は振出先の管理はもちろん、手形の落ち日の管理も重要である。ここが不十分であると、会社の資金繰り破綻に直結することになってしまう。

No.1：支払方法、支払条件、支払状況

詳細な残高の調査の前に、手形帳の管理方法を聴取する。ここでは、金庫での保管、手形へのサイン・押印できる権限者、金額の記載は誰がどのような確認をして行っているかなど、手形があるべき仕入先に、あるべき金額と条件をもって発行されることが担保されているかどうかの確認が求められる。なお、手形を切り離したあとの手形帳の耳の内容についても確認が必要である。

仕入債務の支払方法については、買掛金の聴取の際に「手形払い」であることが明らかになることから、「手形払い」の先について手形残高が計上されているか否かを確かめることになる。ここで、主要仕入先の業種、規模、落ち日までの期間を確認する。

ここで確認した取引内容と支払条件から、あるべき支払手形の金額を想定することができる。すなわち、手形振出後の落ち日までの条件が月末締め翌々月末であれば、当月の支払手形残高は２カ月分となるため、年間仕入高の12分の２が毎月の支払手形残高に相当することとなる。継続取引先でない場合も、直近の取引状況を調べることで支払手形の残高が正しいか否かの判断材料を提供することはできる。こうした手続きは買掛金と同様である。手形債務の場合は、資金化される時期と金額が買掛金の場合よりも確実に推測できるため、資金繰り計画を立てる際に重要な情報となる。この点は受取手形・売掛金の関係と全く同じである。

支払手形残高の金額を確かめると同時に、支払手形台帳と金融機関の通帳などの突合せで、支払いが定期的になされていること確かめることも大切な手続きの１つである。

なお、手形の落ちの処理を確かめる段階で、ジャンプ手形や実質的な金融手形の有無も確かめることができる（もちろん、これで全てのジャンプ手形などの存在を明らかにすることができるわけではないが）。通常の取引に基づかない手形は、実質的には借入金である可能性が高いため、当該取引先に対する担保の設定状況や、そもそも、なぜジャンプに応じてくれたのか、ジャンプしなければならなかった理由は何かなどについても調査を行うことが必要となる。ジャンプ手形が存在する場合、簿外の手形があることも多いので、網羅性については十分な注意が必要である。

No.２：主要仕入先

主要仕入先については、特に注意が必要である。経営者が交代した場合（これは事業承継により経営権が子息等に移った場合も含む）にも、従来通りの取引条件継続できるかどうかを検討することは、企業の将来を検討する上で重要な検討ポイントの1つである。

❷ 借入金（長期・短期）

NO.	確認事項	確認
1	金銭消費貸借契約書、残高証明	□
2	担保（抵当権、質権等）の有無	□

企業に資金需要が生じた場合、中小企業であれば、増資による資金調達を検討するよりも、まずは金融機関に融資の相談に行くであろう。最近は多種多様な資金調達の方法が確立し、中小企業にもそれらの利用の幅は広がっているが、やはり、金融機関からの間接金融（借入金）による資金調達が主流であることは明らかである。

金融機関から融資を受ける際には、金融機関としても貸倒れのリスクを排除するために何らかの保全をする必要がある。不動産を担保とした従来型の融資手法から、ALM（動産担保融資）まで、さまざまな保全の手段も研究されている。

また、借入金は金融機関からのみではなく、経営者自身やその家族、知人や取引先等から融資を受けることもある。

相続が発生した場合、相続税の納税資金を確保する必要がある。この場合、相続税を支払えるだけの現金を相続人が保有していることは稀であるため、貸付け、金庫株、物納等の手法を行使して、結果的に対象会社が負担する形を検討する。

そのため、対象会社に相続税の支払いのための資金調達能力が必要となることから、借入金の調査は特に重要である。すなわち、借入金の残高だけでなく、担保資産により保全されている金額（別除権相当額）、保証協会の保証付きの金額、非保全債権の額を明らかにすることで、将来事業計画との組合せにより、新規借入れがどれくらい可能なのかを把握することができる。

また、金融機関の権利を明らかにすることにより、自社が金融機関からどのように評価されているかのヒントを得ることも可能になる。これを理解しておけば、将来的な金融機関との付き合い方、すなわち、いわゆるメインバンクをどの金融機関にするか、サブメインはどこか、「メイン・サブメイン」といった位置づけをせずに付き合うかといった判断ができるようになる。事業承継を機会にメインバンクを変える必要性が出てくるかもしれない。財務デューデリジェンスの手続きを経て情報を整理することは、こうした意思決定の判断材料を提供することにも繋がる。

さらに、会社の資金繰りが厳しい場合や設備投資を行う際に、経営者から借入れを行っているケースがある。この場合、経営者も回収しようと思って貸したわけではないことから、そのまま借入金として残ってしまっている。このような場合には、会社に対する貸付金が相続財産を構成することから相続税の課税対象になる。しかしながら、借入金の弁済という手法により会社から個人に対して現金を吸い上げることが可能になるという側面もある。

そのため、経営者からの借入金がある場合には、その発生原因、発生時期、利息の支払状況等を確認するとともに、これを弁済するか否か、そのままにするのか否か、債権放棄を受けるか否か、DESにより資本に組み入れるか否かについて、どれが最も有利な選択肢になるのかを総合的に検討していく必要がある。

No.1：金銭消費貸借契約書、残高証明

借入金の検討を行うに当たり、まず、借入実行時点の資金需要は何であったか、実際に実行された金額は何に使われたのかを明らかにする。そのうえで、金銭消費貸借契約書を入手し、融資日・資金使途・当時の利息・返済条件・連帯保証人（保証協会付き債権か否かの確認含む）・担保差入資産の情報を整理する。会社の帳簿上の記録と金銭消費貸借契約書を照合し、借入金が網羅的に帳簿に計上されていることを確かめることも必要である。

契約書との照合ができたら、残高証明・返済予定表等で基準日における残高が決算書と一致していることを確認する。

同時に最近の返済の状況も聴取し、返済が遅延していないかどうか、金利の減免を受けていないかどうかの確認もしておくことが必要である。

また、大まかではあるが、後述する正常収益力から考えられる毎期の返済原資を想定し、この想定によると現状の借入金の完済までに何年かかるかを試算するとよい。業種にもよるが、概ね10年以内であれば金融機関との付き合いに大きな問題はないと思われるが、15年や20年を超えてくるようであれば、事業承継の前に事業の再生を検討しなければならないことにもなりかねない。

なお、経営者からの借入金については、通常、金銭消費貸借契約書を交わしているケースは稀であると考えられることから、過去の帳簿を閲覧するとともに、経理担当者にヒアリングを実施することにより、実態の調査を行っていくことなる。

No.２：担保（抵当権、質権等）の有無

金銭消費貸借契約書で確認した担保について、資産の検討の際の結果と照合する。土地であれば筆ごと、建物であれば不動産登記簿ごとに、登記簿上記載されている抵当権・根抵当権を整理する。特に権利関係が複雑な場合は、共同担保目録も入手して確認することも必要である。

不動産以外では、有価証券・定期預金・売掛金や在庫にも質権が設定されている場合がある。これらについても調査基準日あるいは調査日現在の換金可能な価格を算定し、金融機関の保全がどの程度であるか、理解しておくことが必要である。

❸ 未払金、仮受金、未払費用

NO.	確認事項	確認
1	未払金・仮受金・未払費用の内容	□

未払金は仕入債務以外の企業の確定債務と考えればよい。

なお、企業会計原則注解【注５】⑶未払費用によれば、「未払費用は、一定の契約に従い、継続して役務の提供を受ける場合、すでに提供された役務に対していまだその対価の支払が終わらないものをいう。（中略）また、未払費用は、かかる役務提供契約以外の契約等による未払金とは区別しなければならない。」とされており、未払金と未払費用は区別されなければならないものである。一般的な税務決算を中心とした中小企業の場合は、こうした区分は必ずしも守られていないのが実情である。

① 未払金

No.1：未払金の内容

未払金の発生原因を確かめる。それが、会社の確定債務であることを確認した上で、当該未払金の支払条件、支払いまでの期間について聴取する。特に、分割払いの場合・長期延払いの場合は、これらの未払金が適切に支払われているのかどうかに注意を払うことが必要である。長期未払金の場合は、金利の支払いが条件になっていることもあるので、長期未払金の利払いが滞っている場合には未払利息の計上漏れについても留意しなければならない。

なお、未払金については、貸借対照表に計上されている金額を検証するよりも、簿外の未払金がないかどうかの検証の方がずっと大切である。しかし、「こうすれば簿外の未払金（簿外債務）が確実に見つかる」という手法はない。他の財務諸表項目の調査を進める中で、会社の説明に矛盾がないかどうかといった間接的な情報からその存在を検証することが求められるのである。

また、デューデリジェンスを実施する時点では、調査基準日から数カ月経過していることが多いため、調査基準日以降の帳簿を閲覧することにより、本来であれば、当該事業年度で把握すべき経費について、翌事業年度の経費になってしまっているものを把握することができる。このようなものをピックアップした後には、各事業年度における経費のカット・オフをどのような体制で行っているのかということをヒアリングし、株価引下げを行うタイミングでは、カット・オフ・エラーが生じないような体制に改善することで、簿外負債を減らすことが可能になる。

②　仮受金

No.1：仮受金の内容

仮受金は仮払金と同じく、会計処理を後日行うために一時的に計上されたものや、当該取引発生時には何らかの理由で会計処理ができないものが計上される。原則として、決算時点では全てが何らかの勘定科目に振り替えられていなければならないものである。特に、本来、収益計上されるべきものが処理されずにいる場合があるため注意が必要である。

仮受金が計上されている場合は、その内容を確認した上で、なぜ仮受金として処理しなければならなかったのかを理解し、必要があればその性質に合わせて勘定科目を振り替えることになる。

特に、会社の財産と個人の財産の区別に対するオーナーの意識が希薄な場合には、オーナーに対する仮受金が多額になることが多い。そのような場合には、借入金に振り替えた上で、「❷　**借入金**」で解説したような調査方法を実施することになる。

③　未払費用

No.1：未払費用の内容

未払費用とは、一定の契約に従い、継続して役務の提供を受ける場合、既に提供された役務に対しいまだその支払いを行っていないものをいう。

具体的には、未払給与、未払社会保険料、未払利息等が挙げられる。

しかし、中小企業においては、現金主義により費用計上を行っているケースが少なくなく、このような未払費用の計上を十分に行っているケースは稀である。

そのため、実態純資産の調査においては、毎月、継続的に発生する経費をピックアップし、未払費用として認識すべきものがあるか否かを調査する必要がある。

なお、未払費用として認識すべきものがあるか否かを調査するためには、経理担当者へのヒアリングのほか、契約書や帳簿の閲覧が有効な手段となる。

❹ 賞与引当金・その他短期引当金・その他長期引当金

引当金については、会社計算規則第６条第２項に「将来の費用又は損失（収益の控除を含む。）の発生に備えて、その合理的な見積額のうち当該事業年度の負担に属する金額を費用又は損失として繰り入れることにより計上すべき」という規定がある。

会計上は、企業会計原則注解【注18】において、将来の特定の費用又は損失であって、

- その発生が当期以前の事象に起因し、
- 発生の可能性が高く、かつ、
- その金額を合理的に見積もることができる場合には、引当金を計上しなければならない

とされている。

なお、【注18】では、引当金の種類として、「製品保証引当金、売上割戻引当金、返品調整引当金、賞与引当金、工事補償引当金、退職給与引当金、修繕引当金、特別修繕引当金、債務保証損失引当金、損害補償損失引当金、貸倒引当金等がこれに該当する。」として例が示されている。最近では、ポイントサービスを行う小売業が増えているが、これらの付与されたポイントについても引当金の計上は必要である。

しかし、現行の法人税法上は、貸倒引当金（52条）と返品調整引当金（53条）のみが損金算入を認められており、その他の引当金はいずれも申告調整をしなければならなくなる。そのためか、筆者が携わった中小企業の財務デューデリジェンスにおいては、貸倒引当金以外の引当金を計上している会社はほとんどない。

①　賞与引当金

NO.	確認事項	確認
1	賞与の規定	□
2	引当金の妥当性	□

No.1：賞与の規定

賞与支給の事実を確認した上で、会社の給与賞与規定から支給対象者、支給対象期間を確認する。規定がない場合は、事実としてどのような計算がなされているかを確かめる。なお、既に支給額が確定している賞与については賞与引当金ではなく、未払賞与であるため、引当金とは区別して計上することが必要である。未払賞与が損金算入できるための条件については、「第3章　5．(1)」を参照されたい。

なお、いわゆるインセンティブボーナスのような人事評価の結果で賞与の計算がなされる場合は、支給総額の見込額から引当金の計算を行う場合もある。このような場合は賞与規定上も具体的な計算方法について触れていないこともある。具体的な評価制度と賞与の計算方法については、規定の枠を超えた判断が求められることもある。

No.2：引当金額の妥当性

賞与引当金については個別具体的な計算が可能であるため、支給対象者・支給対象期間から、具体的な金額の計算を行う。人数が多い場合などは、全従業員分を精査するのではなく、部署単位や全社単位での計算でもよい。

②　その他の引当金

その他の引当金については、企業会計原則の要件に従って、引当金の計上の要否を検討することになる。引当金は確定債務ではないが、企業の経営を行うに当たり重要な情報を発することになるので、財務デューデリジェンスの手続上は慎重に検討を進める必要がある。仮に、引当金の計上の必要がなかったとしても、将来的に負担が必要になるものであれば将来計画には考慮しなければならない項目になることは間違いない。また、多くの中小企業では財務デューデリジェンスの機会でもない限り、引当金の計上の要否の検討すら行われないことが多い。

製品保証引当金、売上割戻引当金、返品調整引当金、工事補償引当金、ポイントカード引当金などは、商慣習上発生することが合理的に見込まれるものが多い。過去の実績から発生率を計算することも可能である。個別具体的な手法でなく、一括計算でもある程度合理的な数値は算定できるため、試算をしてみるとよい。

修繕引当金、特別修繕引当金は、その期に必要するか否かという検討よりも、将来の設備投資計画を検討する際の情報を収集する目的で検討するとよい。

債務保証損失引当金、損害補償損失引当金は、その他のオフバランス項目（簿外負債）の検討を行う際に必ずセットで検討しなければならないものである。保証先が倒産した場合などは会社の存続に係わるような事態になるため、債務保証の事実はもちろん、保証先の財政状態の情報は必ず入手しておかなければならない。

なお、これらの引当金は実態純資産の算定上は計上が求められるが、相続税法上の評価はゼロである。

❺ 貸倒引当金

金銭債権にはその回収ができなくなる、いわゆる貸倒れのリスクが伴う。貸倒引当金は、こうした金銭債権の貸倒見積額を計上するものである。

貸倒引当金は、一般引当金と個別引当金に区分される。

一般引当金は、通常は、税務上の一括評価引当金を示す呼び方で、金銭債権全体に対して一定割合の貸倒率を掛けて計算する。

個別引当金は、個別に債権の回収可能性の検討を行い、回収見込みがないか不明な場合に計上されるものである。

財務デューデリジェンスの手続上は、一般引当金は全額戻入れを行う。財産評価基本通達による相続税評価額もゼロである。過去の貸倒実績などから計算された引当金であっても、実態純資産の算定を行うに当たっては、個別具体的な検討を行うことが求められるのである。

個別引当金の手続きについては、「(3)　❷　**売上債権**」を参照されたい。

❻　退職給付引当金、役員退職慰労引当金

NO.	確認事項	確認
1	退職金の規定	□
2	引当金の妥当性	□

調査対象会社に従業員の退職金に関する規定がある場合、または、退職金の支払いを行っている場合、当該退職金に係る引当金を計上する必要がある。かつては、法人税法上も退職給与引当金に関する損金算入限度額の規定があったが、現行法では、損金算入が認められていない。そのため、中小企業の多くは退職給付引当金を計上していない。

なお、退職金に関する規定があっても、企業外部にその原資が積み立てられている場合は、積立不足部分についてのみ引当金を計上すればよいことになる。

①　退職給付引当金

No.1：退職金の規定

まず、退職金の支給をしているか否かを確認し、支給をしている場合は退職金規定の有無を確認する。退職金規定から、支給対象者が誰であるか（勤続年数の制限がある場合がある）、算定基礎額及び係数などといった、退職金計算の基礎資料を確認する。また、退職年金制度や退職金共済（中退共など）の活用をしているか否かについても確認をする。

なお、退職金制度については規定を確認するだけでなく、支給の事実も確認することが望まれる。

【ケース・スタディ】

筆者が過去に経験した例では、退職金規定上は外部積立てによる支給額（これを仮に50とする）とは別に会社から退職金を支払う（これを仮に60とする）こととされていた。運用上は退職金規定により計算された額（これが60に相当する）を外部積立部分（50）と会社からの支給（10のみ支給）という運営がなされていた。経営者は先代から事業を引き継いだ２代目社長で、こうした規定の不備を理解していなかった。結果的に従業員全員に対して規定の不備があったことを説明し、改定することとなった。

No.２：引当金の妥当性

調査基準日現在の自己都合要支給額と会社都合要支給額の計算を行う。具体的には、在籍者名簿を入手し、退職金規定に則り個人別に退職金を算定する。

実態純資産の計算上は自己都合要支給額による場合、会社都合要支給額による場合の両方が考えられる。これは、財務デューデリジェンスの目的と、実際の当該企業の従業員の入退社のサイクルを勘案して決めることになる。なお、退職金の打切支給を選択肢として考える場合には、会社都合による退職金相当額を支払うことが一般的であることから、会社都合による引当金の計上が求められる。

なお、人員削減計画や退職金の打切支給などの検討を行っている場合など、退職金の支給が近いうちに見込まれる場合には、退職給付引当金の計上額の妥当性だけでなく、退職金の支給に伴うキャッシュアウトについても併せて検討することが必要となる。資金繰計画にも直接影響を与える事象になるため、慎重な検討が望まれる。

②　役員退職慰労引当金

中小企業、特に、オーナー企業においては、役員のほとんどが同族関係者である。そのため、役員退職慰労引当金をどのように設定するのかというのは、ある程度の調整が可能である。

しかし、法人税法上、役員退職慰労金のうち、不相当に高額なものについては、損金に算入することができない（法法34②）。そのため、実務上は、過大役員退職慰労金に該当しないように処理する必要がある。また、過大役員退職慰労金として否認を受けないための適正な役員退職慰労金の金額がいくらなのかという点については、功績倍率法により計算しているケースが多い。功績倍率法による計算式は以下の通りである。

【功績倍率法】

役員退職慰労金の適正額＝最終報酬月額×勤続年数×功績倍率

なお、功績倍率をどのくらいにするのかという点については、個別の事案によって異なるため、実務上、慎重に対応する必要がある。

❼ 保証債務

NO.	確認事項	確認
1	保証債務の存在	□
2	偶発債務の存在	□

会社が経営者や第三者の債務保証を行っていることがある。また、中小企業の場合、経営者は通常会社の金融機関からの借入金の連帯保証人になることが求められる。

こうした保証債務は、主債務でもなければ確定債務でもないため貸借対照表に計上されるものではない。債務保証をした事実は、帳簿に記載される取引ではないためである。財務デューデリジェンスの簿外債務の調査の際には、保証債務の存在の確認が非常に大事である。時として、保証債務の存在が企業を存続の危機に立たせることもあるので、慎重な調査が望まれる。

No.1：保証債務の存在

経営者への質問により他の会社（例えば、子会社、取引先など）、個人等に対して会社として保証を行っている事実の存在を確認する。また、他の項目の調査時に、取引先等に対する保証の事実も都度、確認するとよい。古くからの取引先で、経営者が債務保証をしたことを記憶していない場合もあるためである。なお、保証債務の調査の範囲については、いわゆる連帯保証だけではなく、保有している資産を物上保証として提供している場合も含むことに留意されたい。

保証債務の存在が確認できたら、具体的な契約書等で保証の内容を確認する。そして、原則として保証先の決算書等を入手して、売上債権と同じく、保証先の債務履行の可能性について検討をする。保証先の振り出した手形のジャンプに応じている場合、支払延期の承諾をしている場合など、保証先の債務履行能力に問題がある場合は債務保証損失引当金の計上が必要となる。

担保提供をしている先についても、原則として保証先と同じ手続きを行う。保証先の債務履行能力に問題がる場合は、当該担保物件の処分が求められることがあるため、代位弁済後の求償権の回収可能性の検討も併せて行う場合もある。

No.2：偶発債務の存在

経営者への質問により、取引先や従業員等との間で訴訟になっている事案など、将来的に何らかの経済的な負担を求められる事象がないかどうかを確認する。なお、商品クレームによる保証や、有形固定資産の予期し得る劣化による損失、小売業の万引きによる商品紛失といった事象は偶発損失ではなく、通常の見積り可能な範囲の引当金の計上によってカバーすべき事象である。

偶発債務の有無の確認は、主に下記の事象について行う。

- 未解決の訴訟
- 行政機関等による調査（税務調査を含む）
- 重要な設備投資の発注残（支払未了有無）
- 解約不能のリース契約等のコミットメント
- リースバック・買戻し条件付販売取引（動産・不動産とも）
- デリバティブ取引

• その他重要な契約残

訴訟事案など、会社が予期せぬ偶発的な損失の金額の確定については、財務デューデリジェンスの手続きにも限界がある。合理的な見積が可能な範囲で引当金の計上の要否を検討し、見積り不能な事象については、報告書の中で別途指摘をすることになる。

(5)　実態純資産の算定（まとめ）

以上のような具体的な手続きを経て、実態純資産を貸借対照表にまとめる。具体的には下記のような、調査対象会社作成の財務諸表から、いくらの修正を入れて実態純資産の数字になるかが示されているとよいであろう。

（単位：千円）

勘定科目	平成19年３月期 帳簿価額	実態修正	平成19年３月期 実態価額	平成19年３月期 相続税評価額
現金預金	50,350	－	50,350	50,350
売掛金（○○）	60,000	△5,000	55,000	60,000
売掛金（××）	30,000		30,000	30,000
受取手形	20,000		20,000	20,000
有価証券	10,000	△6,100	3,900	3,900
未収入金	10,000	△3,000	7,000	10,000
商品	210,000	△150,000	60,000	210,000
原料	110,000	△100,000	10,000	110,000
貯蔵品	25,000	△5,000	20,000	25,000
立替金	2,500	△1,000	1,500	1,500
仮払金	5,000	△5,000	－	－
貸倒引当金	△6,000		△6,000	－
流動資産計	526,850	△275,100	251,750	520,750
建物	330,000		330,000	330,000
土地	1,000,000	550,000	1,550,000	2,000,000
機械装置	5,000		5,000	5,000
車両運搬具	3,500		3,500	3,500
工具器具備品	500		500	500
有形固定資産計	1,339,000	550,000	1,889,000	2,339,000
ソフトウェア	5,000		5,000	5,000
電話加入権	350	△250	100	100
無形固定資産計	5,350	△250	5,100	5,100
投資有価証券	12,000	△8,000	4,000	4,000
長期前払費用	3,000	△1,000	2,000	2,000
出資金	5,000	△1,000	4,000	4,000
差入保証金	7,500	△7,500	－	－
保険積立金	8,000	△8,000	－	－
投資計	35,500	△25,500	10,000	10,000
固定資産計	1,379,850	524,250	1,904,100	2,354,100
資産合計	1,906,700	249,150	2,155,850	2,874,850

勘定科目	平成19年3月期 帳簿価額	実態修正	平成19年3月期 実態価額	平成19年3月期 相続税評価額
買掛金	30,000		30,000	30,000
未払金	70,000		70,000	70,000
未払費用	7,000		7,000	7,000
預り金	1,000		1,000	1,000
未払法人税	100,000		100,000	100,000
未払消費税等	1,200		1,200	1,200
賞与引当金	500		500	−
流動負債計	209,700	−	209,700	209,200
退職給付引当金	4,000		4,000	−
長期借入金	570,000	−	570,000	570,000
固定負債計	574,000	−	574,000	570,000
負債合計	783,700	−	783,700	779,200
資本金	20,000		20,000	20,000
利益準備金	3,000		3,000	3,000
繰越利益剰余金	1,100,000	249,150	1,349,150	2,072,650
資本計	1,123,000	249,150	1,372,150	2,095,650
負債・資本合計	1,906,700	249,150	2,155,850	2,874,850

3．正常収益力の分析

企業の決算数値は、資産・負債・純資産の残高（財産の状態）を示す貸借対照表だけでは理解できない。損益の状況（収益力）を示す損益計算書と、キャッシュフローの状況を示すキャッシュフロー計算書も必要なデータである。その意味では、財務デューデリジェンスにより企業の実態を明らかにするということは、実態純資産の算定ができればよいというものではなく、正常収益力と正常キャッシュフローについても実態が明らかにならないと、企業全体の実態の解明にはつながらないということになる。

ここでは、正常収益力の分析方法について解説を行う。なお、正常キャッシュフローについては、正常収益力の調査結果からEBITDAやEBDAといった指標の算定ができるため、これをもって代替されることが多い。具体的な資金繰り計画については、「**4．事業計画の作成**」の解説に譲ることとする。

ここで、正常収益力の概念について触れておく。

正常収益力は、「一般に公正妥当と認められた会計基準」で定義された会計用語ではない。「当期利益から何を加減すれば正常収益力が算定できる」というものではない。「当該企業が健全に存続するのであれば、どれほどの収益を計上することができるのか（本源的収益獲得能力）」という指標を示すものであると理解すればよい。例えば、業界内の変動が緩やかな業種の企業の数期間の営業利益を比べたときに、毎期変動が激しい場合には、各期に何らかの営業利益に大きな影響を与える事象が起こったはずである。それが偶然に発生した費用なのか、原価の高騰や下落の結果なのか、あるいは、本来は営業外損益・特別損益に計上されるべき項目が計上されてしまっていたのかといった情報を入手し、修正を加えられれば、当該企業の収益力がどれほどかを示すことが、大まかではあるができるであろう。正常収益力はこのようにあくまで「大まかに」示されるものである。

財務デューデリジェンスの中では、非継続事業の損益及びグループ内取引からなる損益を控除し、一時的に計上された費用収益を加減することによって、正常収益力を算定する。

❶ 売上

NO.	確認事項	確認
1	主要顧客別売上高、商品、サービス別売上高	□
2	売上高の季節変動	□
3	値引き、割戻し、ロイヤルティ	□

正常収益力の分析を行うに当たり、売上高の増減がどのような理由によるものなのかを分析することが重要である。

まずは、マーケットシェアの理解をすることから始まり、調査対象会社の部門別、地域別、製品別、主要顧客別などの切り口から分析を行うことになる。

No.1：主要顧客別売上高、商品、サービス別売上高

売上台帳等から部門別・地域別・製品別・主要顧客別などの切り口で、年次及び月次の売上高推移表を作成する。これらの切り口については、必ず各々について作成しなければならないというものではなく、調査対象会社の実情にあった分析を行えばよい。

分析の方法としては、単に売上高の数字を並べるのでなく、数量と単価の情報・総売上高に占める割合・売上高成長率・粗利率などの情報を加工するとよい。

推移表を作成することにより、売上の年次又は月次の売上の動きが把握できる。例えば、特定の得意先に対しての売上が多い月と少ない月があったり、製品ごとの収益性の違いが理解できたりする。過去の動きを数字で表し、その原因が何かを確かめることで、調査対象会社の販売活動の実態が理解できるようになる。

この分析結果は、将来計画を作成する際にも役立つ。すなわち、過去の傾向

から繁忙期と閑散期を具体的に理解でき、閑散期対策を練ることができる。利益率の異なる製品群について、収益を改善するためにどのような施策をとるべきかの情報を得ることもできる。

なお、こうした売上の分析を行う際には、売上債権の調査で得た情報との矛盾がないかどうかの確認も必要である。すなわち、売上が増加している月の売上債権は通常は増加するはずであるし、売上の計上されていない得意先の売上債権が計上されている場合には会計処理に誤りがある可能性も生じてくる。

No.2：売上高の季節変動

売上推移表を作成し、月次分析を行うことで、季節変動の状況を把握することができる。季節変動の状況は、運転資本の変動の状況を理解することと、調査基準日が期中である場合の分析を行う際に必要な分析である。また、売上高の増加・減少の傾向を年次分析よりも詳細に理解することができる。

無駄のない資金調達計画の作成（どんぶり勘定では過大な借入金を実行することになりがちである）のために、運転資本の変動の状況、すなわち月次の資金需要がどの程度変動するかという情報は重要かつ必須である。

No.3：値引き、割戻し、ロイヤルティ

値引き、割戻し、ロイヤルティ（使用料）についても、売上高の分析を行う際に考慮することが必要である。それぞれの会計処理の方法を聴取し、売上高の調整項目となっているか、販売費及び一般管理費などになっているかを確かめる。

業種によっては値引率や割戻率の推移の分析も必要である。売上高の分析は総売上高だけでなく、純売上高でも行うことにより、より深く調査対象会社の販売活動を理解することができる。

なお、ロイヤルティは源泉徴収が必要な場合があるため、必要な手続きがとられているか否かについて留意することが必要である。

値引きや割戻しは、当該業界の独特の商慣習によるものである場合もあるため、業種に対する十分な理解も必要であることを付け加えておく。

❷ 売上原価

売上とともに分析が必要な項目は売上原価である。在庫を持つ企業の場合は、仕入れと在庫の関係も必要な分析対象となる。製造業の場合は、製造原価の分析が欠かせない。

売上原価については売上高分析の際に粗利の分析を行うことで足りることが多いため、売上原価分析という場合は、実質的には製造原価の分析を指すことが多い。

まずは、売上原価の構成項目が何であるかを把握する。サービス業の場合はほとんど計上されていないこともあるし、小売業であれば売上原価は仕入商品のみであろう。製造業の場合は、材料費・労務費・製造間接費が製造原価の構成項目になるはずなので、これらの分析を行うことになる。製造原価の分析を行う際には、会社が採用している原価計算の方法についても理解しておく必要がある。

① 商品仕入れ・材料費仕入れの分析

NO.	確認事項	確認
1	主要仕入先、支払条件	□
2	集中購買、比較購買を行っているか	□
3	長期の購買契約、仕入れのコミットメントの存在	□

No.1：主要仕入先、支払条件

主要な仕入先と支払条件を確認し仕入債務との関係から異常がないか確認する。

仕入品目の中に市況の影響を受けやすいものがあるかどうかも確認する。この確認をした上で、商品別仕入単価や、製品別材料費単価の分析を行う。分析の方法としては、売上高と同じく、属性別の年次や月次の推移や、仕入高全体に占める割合の分析などになる。

単位当たり材料費が変動している場合は、購買単価の変動か、製造工程での無駄（仕損）か、といった原因の分析を行う。

No.2：集中購買、比較購買を行っているか

仕入単価を下げるために集中購買を行うことがある。ただし、この場合は、無駄に在庫を抱えることもあるため注意が必要である。集中して仕入れを行った場合は、月次推移を分析することですぐに発見できる。

また、仕入先が分散されているか、1つの仕入先に偏っていないかどうかについても聴取し、それらの理由について確認する。1つの仕入先に偏っている場合は、当該仕入先が何らかの理由で取引ができなくなってしまうと、それにより企業の存続が危ぶまれることになる。また、取引条件も厳しくなりがちである。

また、別の買入れの方法として、組合等を通じた共同購買がある。

No.3：長期の購買契約、仕入コミットメントの存在

長期の購買契約他、仕入れのコミットメントがあるか確認する（対象商品、期間、条件等）。

②　人件費の分析

NO.	確認事項	確認
1	人件費の推移分析	□
2	法定福利費の検証	□

人件費は、製造原価に計上されるほか、販売費及び一般管理費で処理される。通常、総発生費用中、大きな割合を占めるものであり、その分析は重要である。財務デューデリジェンスの準備段階で、調査対象会社の部門別の人員数を把握するが、この情報に基づいて部門別の人件費の分析を行うことになる。

また、人件費については給与賞与の検証だけでなく、法定福利費の検証も重要な項目であることに留意されたい。

No.1：人件費の推移分析

人件費の項目別に年次及び月次の推移表を作成する。内容は、給与・賞与・

法定福利費・退職金などである。これを部門別に分けて、増減率、売上高に占める人件費割合などの分析を行う。

更に、部門毎の1人当たり人件費を算定し、年次及び月次の推移表を作成する。その際、正社員・派遣社員（人件費ではなく支払手数料などで処理されている場合もある）・出向者・パートなどは区分する。

No.2：法定福利費の検証

法定福利費は基本的に給与総額の一定割合であるため、あるべき社会保険料率等により、計上額の妥当性の検証ができる。

また、社会保険、雇用保険の本人負担分を法定福利費に含めていないか確認する。更に、本人負担分は預り金勘定で処理すべきであるが、誤処理していないか注意する。

③　製造間接費の分析

No.1：製造間接費の推移分析

製造間接費は水道光熱費、電気料、不動産等の賃借料、減価償却費などが該当する。これらは製品に直接賦課できない費用であるため、何らかの基準により配賦計算がなされる。正常収益力の分析を主眼とする財務デューデリジェンスの手続きにおいては、製造間接費がその製品にいくら配賦されたかという原価計算の詳細な検証よりも、全体として製造間接費がいくらかかったかという全体的な分析が求められる。

分析の方法としては、原価項目ごとの月次・年次推移表の作成による増減分析、売上高に占める比率分析が中心で、通常発生し得る金額を把握する。異常値がある場合はこの原因解明により、製造現場にどのようなリスクがあるのかを知ることもできる。必要に応じて、こうした異常値を排除した原価の値を計算する（これが正常収益力の算定根拠にもなる）。

❸　販売費及び一般管理費

企業活動は売上と売上原価のみで成り立つものではなく、これらの直接的な利益（売上総利益・粗利）を稼ぎ出すためのさまざまな費用を必要とする。営業上必要とされるこれらの費用項目が販売費（販売に係る費用で、送料や広告宣伝費など）と一般管理費（いわゆる間接費用で、事務所賃借料や管理部門の諸費用など）である。

No.1：販売費及び一般管理費の推移分析

財務デューデリジェンスで要求される販売費及び一般管理費の分析は、直接販売費の分析とそれ以外の販売費及び一般管理費の分析に大別される。

直接販売費は、売上高に連動して発生する費用である。従って、売上高の一定割合が販売費の計上額に相当することが多いため、売上高との比率分析が有効である。一定割合から逸脱するような計上額である場合は異常値である可能性が高いため、その理由を十分に理解することが必要である。

その他の販売費及び一般管理費は、製造間接費の分析手法と同じ方法で分析をするとよい。主として、推移分析により実態をつかむことが可能である。

❹ 正常収益力の分析（まとめ）

以上のような具体的な手続きを経て、正常収益力を損益計算書にまとめる。具体的には下記のような、調査対象会社作成の財務諸表から、財務デューデリジェンスの結果把握した要修正事項を加味し、最終的に正常収益力の金額が導き出されるとよいであろう。

また、EBITDAやEBDAなどの指標も一緒に示すことができる。

（単位：千円）

科　　目	調査対象期間	実態修正	調査対象期間
売上高（○○）	950,000	△50,000	900,000
売上高（××）	600,000		600,000
売上合計	1,550,000	△50,000	1,500,000
売上原価（○○）	455,000	△50,000	405,000
売上原価（××）	200,000		200,000
追加原価	22,000		22,000

売上原価	677,000	△50,000	627,000
売上総利益	873,000	－	873,000
役員報酬	35,000		35,000
給与手当	133,500		133,500
雑給	12,000	2,000	14,000
賞与	15,000		15,000
退職金	2,000		2,000
法定福利費	23,660		23,660
通勤費	2,500		2,500
福利厚生費	500		500
人件費合計	224,160	2,000	226,160
水道光熱費	11,000	500	11,500
備品消耗品費	8,500		8,500
図書印刷費	3,300		3,300
その他物件費	1,000		1,000
物件費合計	23,800	500	24,300
旅費交通費	30,000	1,000	31,000
通信費	5,000		5,000
運搬費	35,000		35,000
賃借料	17,000		17,000
諸会費	2,000		2,000
諸手数料	7,500		7,500
保険料	3,500		3,500
広告宣伝費	3,000		3,000
雑費	1,500		1,500
役務費	104,500	1,000	105,500
業務委託費	5,000		5,000
修繕費	10,000	1,500	11,500
租税公課	30,000		30,000
貸倒引当金繰入	10,000		10,000

減価償却費	10,000		10,000
販売費及び一般管理費	417,460	5,000	422,460
営業利益	455,540	△5,000	450,540
受取利息・配当金	−		−
その他の営業外収益	−		−
営業外収益	−		−
支払利息	31,350		31,350
営業外費用	31,350	−	31,350
経常利益	424,190	△5,000	419,190

重要指標

1.売上高総利益率(粗利率)	56.32%		58.20%
2．売上高営業利益率	29.39%		30.04%
3．EBITDA	475,540		470,540
4．EBDA	274,190		269,190

一般的に、このように算定された正常収益力を基礎に、

1．売上総利益率（粗利率）

2．売上高営業利益率

3．EBITDA（営業利益＋減価償却費＋販売費及び一般管理費の引当金繰入額）

4．EBDA（EBITDA－支払利息－法人税等）…法人税等を170,000とした。

以上の4指標を重要指標として会社の収益力を把握する。これらの指標は、将来計画の中でも重視されるべきもので、この動きで将来の目標や異常値を確認することができ、後述する事業計画の作成に資するものとなる。

4. 事業計画の作成

前項までの財務デューデリジェンスの手続きを経て明らかになった実態純資産と正常収益力を基に、事業計画を作成する。事業承継を目指す場合には、自社の将来像を描いて計画を立てることは絶対に必要な手続きである。

事業計画の作成とは、将来の事業をどのように展開していくか、その場合のキャッシュフローは十分かといった点に留意しながら、自社の将来像を描いていく作業である。その作成に当たっては、過去の問題点を解消するとともに将来の事業展開に向けた施策を織り込むことになる。

すなわち、財務デューデリジェンスにより把握された架空資産を貸借対照表から落とし、不良在庫や遊休固定資産の除売却を行い、不良債権についても貸倒処理を行う。さらに、簿外債務や各種引当金の引当不足額を追加で負債計上する。これらの処理を事業計画に織り込むことにより、承継事業の「過去の負の遺産」を次世代に負担させずに済むだけでなく、多額の損失計上を通じて相続税評価額を引き下げることができる。

将来の事業展開に向けて、不採算事業の処分や営業拠点の統廃合、過剰人員の削減といった事業の合理化（リストラクチャリング）を計画し、これに必要な費用を早期に計上した上で事業承継を行うことも必要である。また、将来必要となる設備投資や修繕等については事業計画上早い時期に織り込み、減価償却費や修繕費を早期に計上した上で事業承継を行う。設備投資や修繕の前倒し実施は将来費用の先取計上に繋がり、将来の費用負担を減少させると同時に承継事業の実態純資産を下げることができる。さらに、グループ経営の正常化の観点からは債務超過子会社の取扱いも事業計画に織り込む必要がある。

そして、事業承継により生じる相続税の納税資金についても会社のキャッシュフロー計画に織り込んでおく必要がある。

No.1：損益計算書計画

正常収益力の検証を行った結果の実態損益計算書をスタートとして、将来数年分の損益計算書を作成する。

売上高分析で得た情報を基にして、将来のマーケットがどのように展開していくかというマクロ的な情報から、自社の部門別・地域別・製品別・主要顧客別などの切り口で、それぞれの項目をどう伸ばしていくか、あるいは縮小していくかを考える。セールスミックスの変化は売上債権や仕入債務の回転期間に影響を与えるため、資金の回収・支払条件についても留意しておく必要がある。

さらに、人件費についても主要な費用項目であることから、計画を作成することが望ましい。少人数の場合は、従業員１人ひとりについて、定年による退職時期も見積りが可能である。自発的な退職までは予想できないが、総従業員数と人件費の試算は可能なはずである。ここでは給与総額のみでなく、健康保険料、厚生年金保険料などの社会保険料についても同時に計算ができるので、それらについても考慮する。

通常は、将来１年分は詳細な分析の基に予測できるデータを作成（１年後の売上計画は、財務デューデリジェンスの分析に用いたデータを利用して、具体的にどの分野がどのように推移するかの予測を立てることになる）し、２年目は現時点で１年内には解決できない事項が解決された仮定で作成し、３年目以降はそれが安定して推移するというイメージになる。もちろん、数年後の市場予測がつきやすい業種・つきにくい業種によってその対応も変わるし、ビジネスの時間的なサイクルによってもこの考え方は異なってくる。各々の事情を反映させて計画を作成するとよい。

本書ではすぐに作成方法の解説に入るが、実際の作業としては売上・原価・販売費及び一般管理費の個別のシミュレーションを何度も繰り返して具体的な計画に落とし込んでいく作業となる。なお、本書における事業計画書については、紙面の都合上、簡便的に５年分の事業計画書を記載しているが、相続税の納税資金の確保まで含めて事業計画を組む場合には、10年以内に借入金を弁済する必要があるため、10年間の事業計画書を作成することが望ましい。

（単位：千円）

	１年目	２年目	３年目	４年目	５年目
科　目	平成20年３月期	平成21年３月期	平成22年３月期	平成23年３月期	平成24年３月期
売上高（○○）	900,000	997,500	977,550	1,026,428	1,046,956
売上高（××）	600,000	630,000	617,400	648,270	661,235
売上合計	1,500,000	1,627,500	1,594,950	1,674,698	1,708,191
売上原価（○○）	405,000	477,750	472,973	496,621	506,554
売上原価（××）	200,000	210,000	207,900	218,295	222,661
追加原価	22,000	23,100	22,869	24,012	24,493
売上原価	627,000	710,850	703,742	738,929	753,707
売上総利益	873,000	916,650	891,209	935,769	954,484
役員報酬	35,000	35,000	35,000	35,000	35,000
給与手当	133,500	133,500	133,500	130,500	130,500
雑給	14,000	17,000	22,700	22,700	22,700
賞与	15,000	15,000	20,000	20,000	25,000
退職金	2,000	2,000	2,000	2,000	2,000
法定福利費	23,660	23,660	24,305	24,563	25,208
通勤費	2,500	2,500	2,500	2,500	2,500
福利厚生費	500	500	500	500	500
人件費合計	226,160	229,160	240,505	237,763	243,408
水道光熱費	11,500	11,000	11,000	11,000	11,000
備品消耗品費	8,500	8,500	8,500	8,500	8,500
図書印刷費	3,300	3,300	3,300	3,300	3,300
その他物件費	1,000	1,000	1,000	1,000	1,000
物件費合計	24,300	23,800	23,800	23,800	23,800
旅費交通費	31,000	30,000	30,000	33,000	33,000
通信費	5,000	5,000	5,000	5,000	5,000
運搬費	35,000	36,750	36,750	40,425	40,425
賃借料	17,000	17,850	17,850	17,850	17,850
諸会費	2,000	2,000	2,000	2,000	2,000
諸手数料	7,500	7,500	7,500	7,500	7,500

保険料	3,500	3,500	3,500	3,500	3,500
広告宣伝費	3,000	3,000	3,000	3,000	3,000
雑費	1,500	1,500	1,500	1,500	1,500
役務費	105,500	107,100	107,100	113,775	113,775
業務委託費	5,000	5,250	5,250	5,775	5,775
修繕費	11,500	10,000	10,000	10,000	10,000
租税公課	30,000	30,000	30,000	30,000	30,000
貸倒引当金繰入	10,000	10,000	10,000	10,000	10,000
減価償却費	10,000	10,000	10,000	10,000	10,000
販売費及び一般管理費	422,460	425,310	436,655	441,113	446,758
営業利益	450,540	491,340	454,553	494,656	507,727
受取利息・配当金	—	—	—	—	—
その他の営業外収益	—	—	—	—	—
営業外収益	—	—	—	—	—
支払利息	31,350	28,325	25,300	22,275	19,250
営業外費用	31,350	28,325	25,300	22,275	19,250
経常利益	419,190	463,015	429,253	472,381	488,477
固定資産売却益	100,000	—	—	—	—
特別利益	100,000	—	—	—	—
固定資産売却損	135,000	—	—	—	—
在庫処分損	255,000	—	—	—	—
特別損失	390,000	—	—	—	—
税引前当期純利益	129,190	463,015	429,253	472,381	488,477
法人税等	56,540	194,647	180,466	198,580	205,341
法人税等調整額	—	—	—	—	—
当期純利益	72,650	268,368	248,787	273,801	283,136
前期繰越利益	1,100,000	1,172,650	1,441,018	1,689,805	1,963,606
当期未処分利益	1,172,650	1,441,018	1,689,805	1,963,606	2,246,742

重要指標

1．売上高総利益率（粗利率）	58.20%	56.32%	55.88%	55.88%	55.88%
2．売上高営業利益率	30.04%	30.19%	28.50%	29.54%	29.72%
3．EBITDA	470,540	511,340	474,553	514,656	527,727
4．EBDA	382,650	288,368	268,787	293,801	303,136

１年目（あるいは調査対象年度）の経常利益までは、正常収益力の調査結果を記載する。正常外に発生した費用や、過去の損益の修正といった事項は全て特別損益の部に記載する。この場合、特別損益の表示科目にはあまり気を配る必要はない。「DDによる修正」など、簡単にまとめてしまってもよい。ただし、第３章で解説するように、株価引下げを検討する際には、どの項目について、法人税法上、損金の額に算入することができる措置が取れるか否かを検討することは必要である。例えば、上表のケースでは、特別損益の発生により、税引前利益が419,190千円から129,190千円に減少しているため、これらの特別損失が損金の額に算入することができれば、類似業種比準価額の計算要素である利益金額の引下げが可能になるからである。

２年目以降は、前年度からの各項目の変動に注意しながら作成するとよい。

毎期の主要な経営指標についても触れておくと、更に利便性は高まる。EBITDAやEBDAは実態としての資金獲得能力を示すもので、金融債務の返済原資や設備投資の原資としても考えられるものである。

なお、貸借対照表との整合性を確認するため、当期未処分利益が貸借対照表の繰越利益剰余金と一致していることのチェックは欠かせない。

No.２：貸借対照表計画

貸借対照表の計画は、損益計算書計画の次に作成する。具体的には、実態純資産の算定に利用した貸借対照表をスタートとして、損益計算書計画と同じ期間の計画値を作成することになる。

貸借対照表項目は売上や利益目標とは違い、何時の時点でどの科目残高をいくらにするという目標値を定めて作成するものではない。もちろん、現金を幾らまで蓄えるとか、設備を幾らまで増強するという目標値はあるが、本書で目的とする将来計画の作成では主目的とするものではない。

主要な勘定科目の具体的な作成方法は下記の通りである。

売上債権・仕入債務・在庫などの残高は、正常な範囲の回転率から算定する。例えば、売上が1億円のときの売上債権残高が1千万円であれば、売上が1億2千万円になれば売上債権は1千2百万円になる。このような機械的な計算で、各勘定科目の数値を計算していく。なおこの計算は、事業の大枠が変わらなければ、回転期間は一定であるという仮定をおくことによって成り立つため、取引先の変更やセールスミックスの変化により、回転率を変動させなければならない。

未収入金や未払金も同じような考えが取れる。大きな設備投資を計画している年度の未払金については、資金計画とあわせて検討しなければならない。支払方法まで確定しているのでなければ、年次の計画では未払金の算定をすることなく、当該年度の月次計画の中で考えていくことになろう。

減価償却を伴う有形固定資産や無形固定資産については、それらの廃棄が決まっていない限り税法に即した償却を毎期続けていく前提で、償却計算を行う。償却費の額はEBITDAには影響を与えないが、損金算入を通じて課税所得を下げることにより毎期の税金の数字が変わってくる。その結果、キャッシュアウトする税額が変動し、キャッシュフローに影響を与えることになるため注意が必要である。

借入金の金利は、毎期の返済計画とあわせて計算をする。借入金の返済が進んで、金利も減ってくるとそれだけフリーキャッシュフローは増加することになる。

次に、法人税等の試算を行う。主要な加減算項目を考慮することと、繰越欠損金がある場合の使用及び使用期限に注意が必要である。

最後に、現預金である。現預金残高は他の勘定科目の計算の結果から差額として求められる。次項でキャッシュフロー計画について解説をするが、現預金残高はこのキャッシュフロー計画との整合性に注意して考えればよい。

以上の算定結果を表にまとめると、以下の通りとなる。

貸借対照表のスタート時点は、財務デューデリジェンスにより明らかになった実態貸借対照表とする。ここから、１年目の損益計算書から推測できる債権債務残高を確定していく。

借入金の返済計画については別途作成をし、この計画に従った各年度末の残高を入れ込んでいく。退職金の支払いは人員計画から数字が作れるし、法人税等の金額についても詳細な計画が作成できる。

これらを考慮して、現預金残高がどのレベルになるかを確認する。急激に増加していく場合やマイナスになってしまう場合は、計画値のどこかに無理があることが想定されるため、修正点を確認して貸借対照表を作り直していく。

（単位：千円）

勘定科目	平成19年３月期 帳簿価額	実態修正	平成19年３月期 実態価額	平成19年３月期 相続税評価額
現金預金	50,350	−	50,350	50,350
売掛金（○○）	60,000	△5,000	55,000	60,000
売掛金（××）	30,000		30,000	30,000
受取手形	20,000		20,000	20,000
有価証券	10,000	△6,100	3,900	3,900
未収入金	10,000	△3,000	7,000	10,000
商品	210,000	△150,000	60,000	210,000
原料	110,000	△100,000	10,000	110,000
貯蔵品	25,000	△5,000	20,000	25,000
立替金	2,500	△1,000	1,500	1,500
仮払金	5,000	△5,000	−	−
貸倒引当金	△6,000		△6,000	−
流動資産計	526,850	△275,100	251,750	520,750
建物	330,000		330,000	330,000
土地	1,000,000	550,000	1,550,000	2,000,000
機械装置	5,000		5,000	5,000
車両運搬具	3,500		3,500	3,500
工具器具備品	500		500	500
有形固定資産計	1,339,000	550,000	1,889,000	2,339,000
ソフトウェア	5,000		5,000	5,000
電話加入権	350	△250	100	100
無形固定資産計	5,350	△250	5,100	5,100
投資有価証券	12,000	△8,000	4,000	4,000
長期前払費用	3,000	△1,000	2,000	2,000
出資金	5,000	△1,000	4,000	4,000
差入保証金	7,500	△7,500	−	−
保険積立金	8,000	△8,000	−	−
投資計	35,500	△25,500	10,000	10,000
固定資産計	1,379,850	524,250	1,904,100	2,354,100
資産合計	1,906,700	249,150	2,155,850	2,874,850

勘定科目	平成19年３月期 簿価	修正仕訳	平成19年３月期 実態	平成19年３月期 相続税評価額
買掛金	30,000		30,000	30,000
未払金	70,000		70,000	70,000
未払費用	7,000		7,000	7,000
預り金	1,000		1,000	1,000
未払法人税	100,000		100,000	100,000
未払消費税等	1,200		1,200	1,200
賞与引当金	500		500	−
流動負債計	209,700	−	209,700	209,200
退職給付引当金	4,000		4,000	−
長期借入金	570,000		570,000	570,000
固定負債計	574,000	−	574,000	570,000
負債合計	783,700	−	783,700	779,200
資本金	20,000		20,000	20,000
利益準備金	3,000		3,000	3,000
繰越利益剰余金	1,100,000	249,150	1,349,150	2,072,650
資本計	1,123,000	249,150	1,372,150	2,095,650
負債・資本合計	1,906,700	249,150	2,155,850	2,874,850

（単位：千円）

1年目	2年目	3年目	4年目	5年目
平成20年3月期	平成21年3月期	平成22年3月期	平成23年3月期	平成24年3月期
425,740	785,445	977,404	1,219,499	1,464,988
60,000	63,000	61,740	64,827	66,124
30,000	31,500	30,870	32,414	33,062
20,000	21,000	20,580	21,609	22,041
10,000	10,000	10,000	10,000	10,000
10,000	10,000	10,000	10,000	10,000
83,000	87,150	86,279	90,592	92,404
11,000	11,550	11,224	11,785	12,021
25,000	25,000	25,000	25,000	25,000
2,500	2,500	2,500	2,500	2,500
5,000	5,000	5,000	5,000	5,000
△6,000	△6,000	△6,000	△6,000	△6,000
676,240	1,046,145	1,234,597	1,487,226	1,737,140
253,800	244,800	235,800	226,800	217,800
900,000	900,000	900,000	900,000	900,000
5,000	5,000	5,000	5,000	5,000
3,500	3,500	3,500	3,500	3,500
500	500	500	500	500
1,162,800	1,153,800	1,144,800	1,135,800	1,126,800
4,000	3,000	2,000	1,000	－
350	350	350	350	350
4,350	3,350	2,350	1,350	350
12,000	12,000	12,000	12,000	12,000
3,000	3,000	3,000	3,000	3,000
5,000	5,000	5,000	5,000	5,000
7,500	7,500	7,500	7,500	7,500
8,000	8,000	8,000	8,000	8,000
35,500	35,500	35,500	35,500	35,500
1,202,650	1,192,650	1,182,650	1,172,650	1,162,650
1,878,890	2,238,795	2,417,247	2,659,876	2,899,790

平成20年3月期	平成21年3月期	平成22年3月期	平成23年3月期	平成24年3月期
30,000	31,500	31,185	32,744	33,399
70,000	77,000	76,230	80,042	84,044
7,000	6,930	6,861	7,204	7,564
1,000	1,000	1,000	1,000	1,000
56,540	194,647	180,466	198,580	205,341
1,200	1,200	1,200	1,200	1,200
500	500	500	500	500
166,240	312,777	297,442	321,270	333,048
2,000	2,000	2,000	2,000	2,000
515,000	460,000	405,000	350,000	295,000
517,000	462,000	407,000	352,000	297,000
683,240	774,777	704,442	673,270	630,048
20,000	20,000	20,000	20,000	20,000
3,000	3,000	3,000	3,000	3,000
1,172,650	1,441,018	1,689,805	1,963,606	2,246,742
1,195,650	1,464,018	1,712,805	1,986,606	2,269,742
1,878,890	2,238,795	2,417,247	2,659,876	2,899,790

No.3：キャッシュフロー計算書計画

損益計算書、貸借対照表とともにキャッシュフロー計算書についても計画値を作成することができる。ただし、将来数年分の計画を作成することから、直接法によることはおよそ不可能であると思われる。従って、通常、キャッシュフロー計算書計画を作成する場合は、間接法で作成することとなる。間接法であれば、ほとんどの情報は損益計算書と貸借対照表から得ることができる。

間接法によるキャッシュフロー計算書は、当期利益をスタートとして、資金移動のない損益計算諸項目と、資産負債の増減を調整していくことで作成できる。設備投資と有価証券・貸付金等の増減は投資活動によるキャッシュフロー、借入金の増減や定期預金の増減は財務活動にキャッシュフローに記載する。それら以外が営業活動によるキャッシュフローである。

最後に、貸借対照表の現預金の残高がキャッシュフロー計算書の現預金残高に一致していることを確かめる。

なお、本書の主題である事業承継を前提とすると、キャッシュフローの将来計画上、どこかの段階で相続税の支払いも考慮しておかなければならない。

（単位：千円）

科　目	１年目 平成20年 ３月期	２年目 平成21年 ３月期	３年目 平成22年 ３月期	４年目 平成23年 ３月期	５年目 平成24年 ３月期
税引前当期純利益	129,190	463,015	429,253	472,381	488,477
減価償却費	10,000	10,000	10,000	10,000	10,000
固定資産売却損	135,000	－	－	－	－
在庫処分損	255,000	－	－	－	－
固定資産売却益	△100,000	－	－	－	－
支払利息	31,350	28,325	25,300	22,275	19,250
売掛金（○○）	－	△3,000	1,260	△3,087	△1,297
売掛金（××）	－	△1,500	630	△1,544	△648
受取手形	－	△1,000	420	△1,029	△432
商品	△23,000	△4,150	871	△4,313	△1,812
原料	△6,000	△550	326	△561	△236
買掛金	－	1,500	△315	1,559	655
未払金	－	7,000	△770	3,812	4,002
未払費用	－	△70	△69	343	360
退職給付引当金	△2,000	－	－	－	－
小計	429,540	499,570	466,906	499,836	518,319
利息の支払額	△31,350	△28,325	△25,300	△22,275	△19,250
法人税支払額	△100,000	△56,540	△194,647	△180,466	△198,580
営業キャッシュ・フロー	298,190	414,705	246,959	297,095	300,489
有形固定資産の購入除売却	132,200	－	－	－	－
投資有価証券の売却	－	－	－	－	－
投資キャッシュ・フロー	132,200	0	0	0	0
長期借入金の返済	△55,000	△55,000	△55,000	△55,000	△55,000
財務キャッシュ・フロー	△55,000	△55,000	△55,000	△55,000	△55,000
当期増減	375,390	359,705	191,959	242,095	245,489
期首残高	50,350	425,740	785,445	977,404	1,219,499
残高	425,740	785,445	977,404	1,219,499	1,464,988

※：上記では、簡便化のため、相続税の納税資金については考慮していないが、実務においては、相続税の納税によるキャッシュ・アウトも考慮に入れる必要がある。

以上により、主要３表の作成ができたことになる。これらの計画表を作成することができれば、事業承継の財務デューデリジェンスにおける５つの目的、すなわち、

① 企業実態（実態純資産・正常収益力・清算時配当率等）の把握

② 個別資産の簿価上の評価額、相続税評価額、経済的な評価額との差の把握

③ 金融債権者等の権利関係の把握

④ 株価引下げのための情報収集

⑤ 将来事業計画作成のための情報収集

が概ね達成できたものと考えてよい。

なお、これまで述べてきた財務デューデリジェンスの手続きを実際に行うに当たっては、高度な専門的知識を必要とする事項も多い。外部の専門家を上手に利用することで、財務デューデリジェンスを効率よく進めることができるものと考えられる。

第3章

実態純資産の調査結果と事業計画の活用と事業承継対策

1．総括

第２章で解説したように、実態純資産の調査と事業計画の作成により得られた情報を利用して相続税の節税対策を行うことができる。

具体的には、過大な資産の処理や過少な負債の処理を通じて、類似業種比準価額の計算要素である利益金額と簿価純資産価額を引き下げるとともに、時価純資産価額の引下げも可能になる。

本章では、実態純資産の調査結果と事業計画を利用して、具体的にどのように相続税の計算における株式の評価の引下げを行っていくのかについて解説を行う。

２．架空資産に対する処理

第２章で解説したように、実態純資産の調査において、架空資産を発見することがある。架空資産があるケースとしては、次のような例をあげることができる。

① 棚卸資産、固定資産のうち除却済みのものについて、適正な経理処理を行わず、資産に計上したままにしているケース
② 金銭債権について貸倒済みのものについて、適正な経理処理を行わず、資産に計上したままにしているケース
③ 単純な会計処理、原価計算の誤りによって、架空資産が計上されてしまっているケース
④ 会計システムや原価計算システムのエラーによって、結果的に資産が過大に計上されてしまったケース
⑤ 粉飾決算を意図して、架空資産を計上したケースなど

架空資産がある場合には、そもそも時価純資産価額の計算上、資産として認めるべきものではないことから、特に、資産の除却等を行わなくても、実態純資産の調査結果を時価純資産価額の計算に反映させるだけで時価純資産価額を引き下げることができる。しかし、一般的に架空資産の存在を十分に把握していない会社が多いことから、実態純資産の調査を行わないと架空資産に相当する金額について時価純資産価額から除外することができないケースが多いため、実態純資産の調査を十分に行い、架空資産については時価純資産価額の計算上、除外できるようにする必要がある。

また、類似業種比準価額の計算においても、そもそも過去の税務申告において損金の額に算入すべきところを損金の額に算入しなかったことから、確定申告の簿価純資産価額よりもあるべき簿価純資産価額の方が小さいことは事実であるため、類似業種比準価額の計算要素である簿価純資産価額を引き下げるこ

とができると考えられる。

ただし、実際の実務において問題となるのは、会計上、架空資産について前期損益修正損失として処理したとしても、法人税法上、損金の額に算入することができるか否かという点と、相続税の類似業種比準価額の計算要素である利益金額を引き下げることができるか否かという点である。

この点に関しては、本来であれば、過去の税務申告において損金の額に算入すべきものであり、当期の税務申告において損金の額に算入すべきものではないことから、原則として、損金の額に算入することが認められず、相続税の類似業種比準価額の計算要素である利益金額も引き下げることができないと考えられる。

そのため、原則として、確定申告書の提出期限から１年以内に限り、所轄税務署長に対し、更正の請求を行うことによって、過大に支払った法人税額の還付を受けることが認められている（国通法23①）。

しかし、架空資産の処理を行う場合には、１年前の確定申告書ではなく、過去の数年間の確定申告書の更正を行わないと十分な税額の還付を受けることができないことが一般的である。そのため、一般的な実務としては、所轄税務署長に嘆願書を提出し、所轄税務署長の職権で更正を行ってもらうという手法を選択することが多い。なお、所轄税務署長の職権による更正は５年（純損失等の金額に係るものは７年）までしか認められていないということと、更正の嘆願が必ずしも認められるわけではない。

また、本来の処理とは異なるため、税務調査において否認される可能性もあるが、架空資産の処理に伴い、当期の損金の額に算入したとしても、単なる損金の期間帰属の問題に過ぎないことから、過度の粉飾行為に基づくものでない限り、税務当局も容認しているケースが存在しているのも事実である。

そのため、どのような処理を行うことで、架空資産の処理に伴う法人税のメリットを享受するかについては、個別の事実関係をもとに、柔軟な対応をする必要があると考えられる。

なお、法人税法上、損金の額に算入できないリスクがあるからといって、何ら経理処理を行わない事例が見受けられるが、そもそも、何ら経理処理を行わないのであれば、法人税法上、損金の額に算入することができないし、相続税の類似業種比準価額の計算上も簿価純資産価額を引き下げることができるか否かについて課税当局と争いが生じる可能性もある。そのため、損金の額に算入できないリスクがあるからといって、何ら経理処理を行わず、放置しておくというやり方については、何ら納税者にとってメリットが無いと考えられる。

それに対し、上記のいずれかの方法により架空資産の処理を行うのであれば、法人税のメリットを受けることができる可能性があり、仮にメリットを享受することができなかったとしても、前期損益修正損を加算・流出処理すれば足りるため、何らデメリットは生じない。また、法人税のメリットを享受できる場合であっても、できない場合であっても、架空資産の処理を行うのであれば、簿価純資産価額が引き下げられることは事実であるため、相続税の類似業種比準価額の計算において、課税当局との無用の争いを避けることができるというメリットもある。

そのため、法人税法上のメリットを享受することができるか否かについては、実務上、慎重に対応すべき論点ではあるものの、何らかの形で架空資産の処理をすることが、事業承継対策においては望ましい。

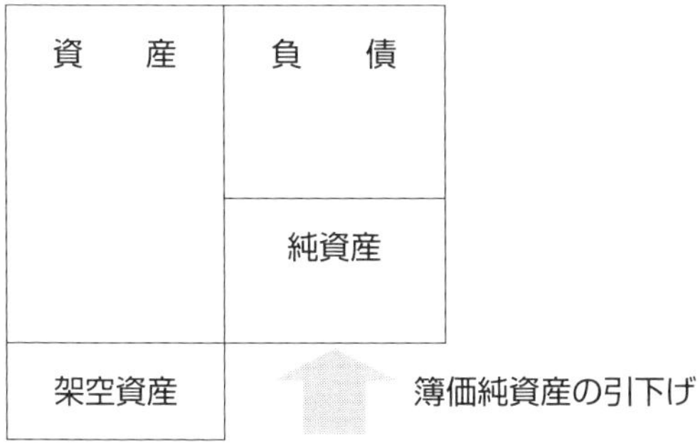

3．不良資産の処分

ここでは、不良資産の処分について解説を行う。「**2．架空資産に対する処理**」と異なるのは、資産の有効価値はほとんど無くなっているにもかかわらず、資産そのものは残っているため、過去の確定申告書そのものは適正に処理されているという点である。

一般的に、会社の規模が小さい場合には、経営者や経理担当者の目が個別の資産にまで目が行き届いていることから、基本的に不良資産は少ない。しかし、会社の規模が大きくなるにつれ、個別の資産にまで目が行き届かなくなり、無意識のうちに、かなりの不良資産を抱えてしまっているケースも少なくない。特に、会計監査の適用を受けていないオーナー会社においては、このような不良資産が放置されているケースが多く、不良資産の処分を行った場合には、簿価純資産価額が激減してしまうケースも多数存在する。さらに、不良資産の処分を行った事業年度において、当該不良資産の処分により生じた損失額を、法人税法上、損金の額に算入することができ、かつ、相続税の類似業種比準価額の計算要素である利益金額の引下げも可能になる。

そのため、実態純資産の調査の結果、多額の不良資産が発見された場合には、不良資産の処分をすることにより、法人税及び相続税の節税を行うことができるため、最初に実行すべき項目であると考えられる。

会計上は、不良資産については、単純に減損処理を行い、ゼロ円で評価を行うことが一般的ではあるが、法人税法上は、単純な減損処理が認められないことが多いため、相続税の類似業種比準価額の計算において、利益金額や簿価純資産価額を引き下げることができないケースも存在する。さらに、不良資産の実質的な価値が目減りしているにもかかわらず、相続税の時価純資産価額の計算において、財産評価基本通達による評価に従った場合には、不当に高く評価されてしまうことも考えられる。

そのため、不良資産の処分を行う場合の基本的な考え方は、法人税法上も相続税法上もどのように適正な時価まで引き下げることができるようにするのかという点が重要になってくる。

簿価純資産価額の引下げ

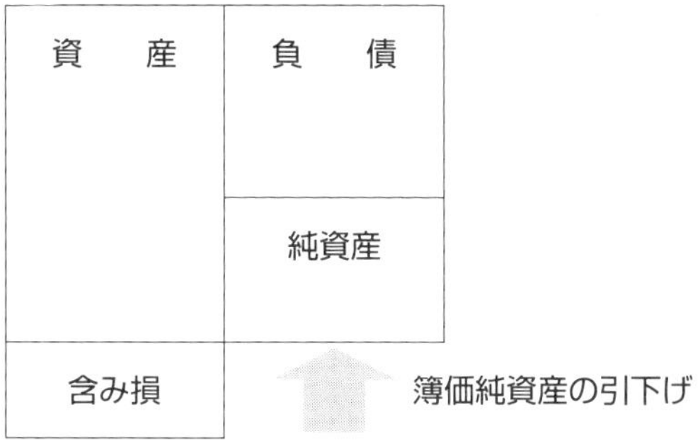

利益金額の引下げ

	×0年度	×1年度	×2年度
調整前利益金額	200	200	200
不良資産の処分	△150	0	0
調整後利益金額	50	200	200

この年度のみ利益金額が引き下げられる。

(1)　不良在庫の処分

製造業、卸売業又は小売業のように、多額の在庫を抱えざるを得ない事業を行っている場合には、当然のことながら、他の業種に比べて、多額の不良在庫が生じる可能性が高い。

法人税の計算上、棚卸資産の評価損に係る規定が設けられており（法法33②、法令68一）、この規定を適用することにより、棚卸資産の評価損を計上した場合には、類似業種比準価額の計算上、短期的には利益金額の引下げが可能になり、長期的には簿価純資産価額の引下げが可能になると考えられる。

しかし、実際の実務においては、棚卸資産の評価損に係る規定を適用することが困難なケースがほとんどであることから、事業承継対策のためにこの規定を適用することはあまり現実的ではない。そのため、棚卸資産の評価損を認識するのではなく、他の手法により不良在庫の処分を行うことが必要になる。

具体的には、まず、不良在庫のうち、たとえ安い値段であったとしても、売れるものであれば売ってしまい、多少の現金に換えてしまうというやり方が考えられる（しかし、いかに陳腐化した在庫であっても、安い値段で市場に出てしまうことで、正常な在庫の販売に悪影響を与えることがあるため、事業戦略上、そのような場合には、安い値段で売却すべきではないことも考えられる）。

不良在庫を時価で売却することにより、売却損が認識された場合には、法人税の計算上、損金の額に算入することができるし、相続税の計算上も、類似業種比準価額の計算における利益金額と簿価純資産価額の引下げが可能になる。また、時価純資産価額の計算上も、財産評価基本通達により、不当に高い評価がされてしまうリスクを排除することが可能になる。

また、実際の実務においては、売ることもできないような不良在庫をどのように処理するのかが問題になるが、結論から言えば、除却や廃棄をしてしまうしかない。除却や廃棄をしてしまえば、法人税法上、損金の額に算入することができるし、相続税の計算上も、類似業種比準価額の計算における利益金額と簿価純資産価額の引下げが可能になる。また、時価純資産価額の計算上も、除却や廃棄をしてしまった資産については当然にゼロ評価がなされるため、課税当局との争いが生じるおそれはない。

しかし、現場の担当者の感覚からすると、極めて高い可能性で売れないと思っている不良在庫であっても、それでも売れるかもしれないとか、他に転用できるかもしれないという考えから、除却や廃棄を躊躇するケースも多いが、会計・税務上の観点からは、売れる可能性がほとんど無い不良資産であるのなら、思い切って除却や廃棄を行うことにより、法人税の圧縮と相続税の圧縮を通じて、会社の財務体力を強化する方が望ましい。

そのため、実際の実務においては、現場の担当者と経理の担当者との間において、それぞれの立場からの認識の違いが生じ、社内の意見を統一することが困難なケースが多いことから、経営者の思い切った判断が重要になってくる。

なお、商品、製品のほか、仕掛品、原材料、貯蔵品等についても、もはや利用可能性が乏しいような場合には、上記と同様に、除却や廃棄をしてしまうことで、法人税及び相続税の節税対策を行うことが重要である。

⑵　遊休固定資産の処分

会社を長く経営していると遊休固定資産を抱えるようになる。遊休固定資産のうち、必要な維持補修が行われており、いつでも稼働し得る状態にあるものについては、法人税の計算上、減価償却を行うことが認められているが（法基通７－１－３）、それ以外の遊休固定資産については減価償却を行うことが認められていない（法令13）。

その一方で、１年以上にわたり遊休状態にある固定資産については、固定資産の評価損が認められており（法法33②、法令68①三ロ）、この規定の適用が可能であれば、法人税及び相続税の節税を行うことが可能になる。

しかし、実際の実務においては、固定資産の評価損に係る規定を適用することが困難なケースがほとんどであることから、事業承継対策のためにこの規定を適用することはあまり現実的ではない。そのため、固定資産の評価損を認識するのではなく、他の手法により遊休固定資産の処分を行うことが必要になる。

具体的には、「⑴　**不良在庫の処分**」と同様に、売却することができる遊休固定資産については、他者に売却することにより、売却損を認識する方法が考えられるが、遊休固定資産の買取先が見つかるケースはほとんどない。

そのため、実際には、除却や廃棄を行うことにより、除却損失を認識するのが一般的な手法であると考えられる。なお、実際に除却を行うのではなく、有姿除却による方法も認められているが（法基通７－７－２）、実際の実務においては、認められないケースも多く存在する。また、有姿除却が認められるようなケースであっても、除却や廃棄に係る費用を支払わずに済むのは短期的な話であり、実際には、事業承継後のどこかの段階で追加的なコストを支払って、除却又は廃棄をする必要がある。この点については、「**10. 将来費用の先取り**」において後述するが、事業承継後のどこかの段階で支払わざるを得ない除却や廃棄に係る費用を事業承継前に使用することは、相続税の圧縮に繋がることから、有姿除却ではなく、実際に現物そのものを除却するやり方の方が望ましいと考えられる。

また、実際の実務においては、ほとんど使ってはいないことから、あっても無くても困らないが、一応は事業の用に供しているような固定資産が存在する。平成19年度税制改正前は、有形固定資産の償却可能限度額が取得原価の95％までに限定されていたことから、残りの５％部分が積もりに積もって多額の金額になってしまっているケースが多数存在した。平成19年度税制改正により残りの５％部分についても減価償却が可能になったため、法人税や相続税の節税の観点からは、急いで除却をしなくても良いのではないかという考え方もあり得る。

この点に関しては、株式の生前贈与を行うために株式の評価を一時的でも下げる必要があり、そのために、固定資産の除却損失を類似業種比準価額の利益金額の圧縮のために一度に反映させたい場合には、その段階で除却を行う必要があると考えられる。また、「**11. 設備投資の前倒し**」で解説するような設備投資を行う場合には、それに付随してこのような古い固定資産の除却を行う必要があることも考えられる。

そのため、実際の実務においては、固定資産の除却を行うべきか否か、どの段階で行うべきであるかという点において留意が必要である。

(3) 不良債権の処分

法人税の計算上、個別評価による貸倒引当金（法法52①）と一括評価による貸倒引当金（法法52②）の計上が認められているが、不良債権に対する引当金という意味では一括評価による貸倒引当金の金額は軽微であるため、個別評価による貸倒引当金の計上ができるか否かという点が問題になる。なお、法人税法施行令第96条第1項では、具体的に個別評価により貸倒引当金の計上ができる金額として、以下のものを規定している。

① 個別評価金銭債権に係る債務者について生じた次に掲げる事由に基づいてその弁済を猶予され、又は賦払いにより弁済される場合

当該個別評価金銭債権の額のうち当該事由が生じた日の属する事業年度終了の日の翌日から5年を経過する日までに弁済されることとなっている金額以外の金額（担保権の実行その他によりその取立て又は弁済の見込みがあると認められる部分の金額を除く）

イ．会社更生法の規定による更生計画認可の決定

ロ．民事再生法の規定による再生計画認可の決定

ハ．会社法の規定による特別清算に係る協定の認可の決定

ニ．合理的な基準により債務者の負債整理を定めている債権者集会の協議決定

ホ．行政機関、金融機関その他第三者の斡旋による当事者間の協議により締結された契約のうち、合理的な基準により債務者の負債整理を定めているもの

② 債務超過の状態が相当期間継続し、かつ、その営む事業に好転の見通しがないこと、災害、経済事情の急変等により多大な損害が生じたことその他の事由が生じていることにより、個別評価金銭債権の一部の金額につきその取立て又は弁済の見込みがないと認められる場合

当該取立て又は弁済の見込みがないと認められる金額

③ 個別評価金銭債権に係る債務者につき次に掲げる事由が生じている場合

当該個別評価金銭債権の額（当該個別評価金銭債権の額のうち、当該債務者から受け入れた金額があるため実質的に債権とみられない部分の金額及び担保権の実行、金融機関又は保証機関による保証債務の履行その他により取立て等の見込みがあると認められる部分の金額を除く）の100分の50に相当する金額

イ．会社更生法の規定による更生手続開始の申立て

ロ．民事再生法の規定による再生手続開始の申立て

ニ．破産法の規定による破産手続開始の申立て

ホ．会社法の規定による特別清算開始の申立て

ヘ．手形交換所による取引停止処分

このように、実際には個別評価による貸倒引当金の計上ができる場合はかなり限られている。また、第１章で解説したように、相続税の計算における時価純資産価額の計算においても、不良債権を適正な時価で評価することは難しく、ほとんどのケースにおいて額面金額により評価せざるを得ないことが一般的である。

そのため、実際の実務においては、法的に債権を消滅させることによって貸倒損失として処理することを検討することが一般的である。なお、債務超過の子会社に対する不良債権の処理については、「**8．債務超過の子会社の清算**」で解説し、役員に対する不良債権の処理については、「**12．オーナーに対する貸付金の解消**」で解説するため、ここでは、取引先や第三者に対する不良債権についてのみ解説を行う。

法人税法上、貸倒損失として処理することができる場合として、以下の３つが挙げられている（法基通９－６－１～９－６－３）。

① 法律上の貸倒れ

(i) 会社更生法による更生計画認可の決定又は民事再生法の規定による再生計画認可の決定があった場合において、これらの決定により切り捨てられることとなった部分の金額

(ii) 会社法の規定による特別清算に係る協定の認可の決定があった場合において、この決定により切り捨てられることとなった部分の金額

(iii) 法令の規定による整理手続きによらない関係者の協議決定で次に掲げるものにより切り捨てられることとなった部分の金額

イ．債権者集会の協議決定で合理的な基準により債務者の負債整理を定めているもの

ロ．行政機関又は金融機関その他の第三者のあっせんによる当事者間の協議により締結された契約でその内容がイに準ずるもの

(iv) 債務者の債務超過の状態が相当期間継続し、その金銭債権の弁済を受けることができないと認められる場合において、その債務者に対し書面により明らかにされた債務免除額

② 事実上の貸倒れ

法人の有する金銭債権につき、その債務者の資産状況、支払能力等からみてその全額が回収できないことが明らかになった場合。

③ 形式上の貸倒れ

債務者について次に掲げる事実が発生した場合における、その債務者に対して有する売掛債権の額から備忘価額を控除した残額。

(i) 債務者との取引を停止した時（最後の弁済期又は最後の弁済の時が当該停止をした時以後である場合には、これらのうち最も遅い時）以後１年以上経過した場合（当該売掛債権について担保物のある場合を除く）

(ii) 法人が同一地域の債務者について有する当該売掛債権の総額がその取立てのために要する旅費その他の費用に満たない場合において、当該債務者に対し支払いを督促したにもかかわらず弁済がないとき

このうち、何ら不良債権の処理を行わなくても、自動的に①～③に該当することができるケースであれば、特に問題になることは無い。むしろ、実態純資産の調査の結果を受けて、法人税対策、相続税対策の一環として不良債権処理を行う場合には、法的に債権を消滅させ、①の法律上の貸倒れに該当するように処理することが一般的である。

そして、上記①のうち、会社更生法、民事再生法、特別清算その他の法的処理によって債権が切り捨てられるのであれば、大きな問題になることはほとんど無い。また、債権者集会を行って債権を切り捨てることはまず考えにくい。そのため、実際の実務においては、個別の債務者に対して債権放棄を行った場合において、上記①(iv)に掲げている条件に該当し、損金の額に算入することができるか否かが問題になる。

上記①(iv)に該当するか否かの判断において重要になってくるのは、「金銭債権の弁済を受けることができないと認められる場合」の解釈の仕方である。なぜならば、金銭債権の弁済を受けることができる可能性があるにもかかわらず、

債権放棄を行った場合には、債務者に対する寄附金であると判断される可能性があるからである。法人税法上、寄附金として処理されてしまった場合には、債権放棄により生じた損失については損金の額に算入することができない（法法37①）。しかし、債権放棄により生じた損失が損金の額に算入することができないだけであることから、債権放棄を行う前の利益が1,000であり、債権放棄により生じた損失が300である場合には、貸倒損失として処理できた場合には課税所得が700になり、寄附金として処理されてしまった場合において損金算入限度額が零である場合には課税所得が1,000になることから、仮に寄附金として処理されてしまっても、債権放棄を行うことで税負担が増加しないという点に留意が必要である。

すなわち、法人税法上、様々な手段を講じることで、債権放棄により生じた損失を貸倒処理できるように努力することは重要であるが、仮に寄附金として処理されてしまったとしても、税負担が増加するわけではないことから、相続税の計算上、類似業種比準価額や時価純資産価額の引下げ効果があるのであれば、寄附金として処理されてしまうことは覚悟の上で、債権放棄を行うという選択肢も考えられる。

なお、法人税法上、寄附金として処理されてしまう場合には、相続税の計算では以下のように取り扱われる。

❶ 類似業種比準価額

① 利益金額

寄附金の損金算入限度額の範囲内で利益金額の引下げが可能になるが、一般的に損金算入限度額は軽微であることがほとんどであるため、あまり期待することはできないと考えられる。

② 簿価純資産価額

寄附金として処理されてしまったとしても、法人税法上の簿価純資産価額を引き下げる効果はあることから（法令９①一）、相続税法上の類似業種比準価額の計算上、簿価純資産価額を引き下げることが可能になる。

❷ 時価純資産価額

金銭債権そのものが消滅することから、金銭債権が額面で評価されるリスクを排除することができ、ゼロ円で評価することが可能になる。

また、相手先が法人である場合には債務免除益に対する法人税課税、相手先が個人である場合には債務免除益に対する所得税課税がそれぞれ問題になり、なるべく法人税や所得税の負担が債務者に発生しないように工夫することが一般的である。しかし、そもそも債務者が不良債権の処理に協力的であれば、債権者側で寄附金として処理せずに貸倒損失として処理することができる選択肢があることが一般的であり、寄附金として処理せざるを得ないケースは債務者があまり協力的では無いことが原因であることが多いことや、債務者としては、債務免除により生じる法人税や所得税の金額が債務免除益にそれぞれの税率を乗じて算定されることから、債務免除により生じる税負担が債務免除を受けることにより受ける便益を上回ることはあり得ないため、債務者の債務免除益課税についてまで考慮する必要はないという考え方もあり得る。

さらに、民法上、債権放棄については、債権者から債務者への一方的な意思表示により行うことができること（民法519)、債務者における法人税課税、所得税課税のリスクは債権者に及ばないこと、債務者からすると債務の免除を受けることにより利益を受けていることから課税されてしまうことはやむを得ないと考えることもできることから、法人税法上、寄附金として損金の額に算入することができない場合であっても、思い切って債権放棄を行うというのも1つの選択肢として考えられる。

なお、前述の通り、債権放棄による損失が貸倒損失として処理された場合には、相続税の計算において類似業種比準価額の利益金額、簿価純資産価額を引き下げるとともに、時価純資産価額を引き下げる効果が期待でき、債権放棄による損失が寄附金として処理されてしまった場合には、類似業種比準価額の利益金額の引下げは寄附金の損金算入限度額の範囲内でしか行えないが、類似業種比準価額の簿価純資産価額を引き下げるとともに、時価純資産価額を引き下げる効果が期待できるため、貸倒損失として処理できる場合は当然として、寄附金として処理されてしまう場合であっても、事業承継対策の一環として、不良債権の処理を行う必要があると考えられる。

4．含み損資産の処分

第1章で解説したように、含み損を有する資産を処分することにより、類似業種比準価額の計算における利益金額と簿価純資産価額を引き下げることが可能になる。

また、時価よりも相続税評価額が高い金額で評価されてしまっている資産を第三者に譲渡することにより、課税当局との無用な争いをせずに、時価純資産価額を引き下げることも可能になる。

そのため、実態純資産の調査により明らかになった含み損を有する資産を処分することにより、類似業種比準価額と時価純資産価額の引下げが可能になると考えられるため、ここでは、具体的な含み損を有する資産の処分をどのように行うのかについての解説を行う。

(1)　含み損を抱えている有価証券の処理

法人税法上、有価証券の時価が著しく下落した場合については、有価証券の評価損に係る規定が設けられている（法法33②、法令68①二）。

しかし、実際の実務においては、棚卸資産や固定資産に比べて、評価損の計上が容易であるとはいえ、依然として、評価損の計上が難しい場合も少なくない。

そのため、有価証券の評価損の計上が難しいと判断される場合において、当該有価証券が事業において特に必要が無いと判断される場合には、売却を検討することも考えられる。

また、ゴルフ会員権についても同様に、第三者に売却することにより、譲渡損失を認識することを検討する必要がある。

⑵　含み損を抱えている不動産の処理

法人税法上、土地、建物の時価が著しく下落した場合において、評価損の計上ができる事由は極めて限定的であり（法法33②、法令68三）、ほとんどのケースにおいて評価損の計上を行うことはできない。

また、一般的に、土地や建物の取得価額は他の資産に比べて高額であることが多く、かつ、保有している土地や建物に多額の含み損がある場合も少なくない。

そのため、保有している土地や建物に多額の含み損がある場合において、当該土地や建物が事業において特に必要がないと判断される場合には、売却を検討することが必要である。

しかし、有価証券と異なり、保有している土地や建物が事業において特に必要がないと判断されるケースは極めて稀であり、ほとんどの土地や建物は事業に必要な資産であり、それを売却することは不可能であるケースが多い。

このような場合には、⑶で解説するように、グループ企業に対して含み損資産の売却を検討することが一般的であると考えられる。

⑶　グループ企業に対する含み損資産の譲渡

⑴、⑵で解説したように、保有している資産に含み損がある場合において、当該含み損資産が事業において特に必要がないと判断されるときは、当該含み損資産を売却することを検討する必要がある。

しかし、一般的にオーナー企業が保有している有価証券や不動産については、事業において必要となる資産がほとんどであることから、外部に売却することが困難なものが多い。

そのような場合には、グループ企業への含み損資産を売却し、法人税法上、譲渡損失を認識することを検討する必要がある。

しかし、実務上、資産の含み損を実現させるためだけに、グループ会社に対して資産を譲渡し、譲渡損失を認識する行為について、

① 譲渡価額が妥当であり、寄附金や受贈益の問題があるか否かという点と、
② 資産の譲渡を行ったことが仮装行為であるとして否認される可能性があるか否か

という点についての議論がある。

このうち、①譲渡価額が妥当であり、寄附金や受贈益の問題があるか否かという点については、市場性のない有価証券を売却する場合や、不動産を売却する場合において問題になりやすいが、いずれの場合においても、適正な時価で譲渡すべきであるという結論になる。それでは、「適正な時価」とは何かという点については、客観性のあるものを課税当局に説明することが難しいため、外部の専門家による適正な評価に基づいて売買を行うことが望ましいと言われている。無論、外部の専門家を利用せず、会社内部で合理的に時価を算定し、資産を売買したとしても、税務調査で認められることも多いが、時価の客観性を高め、税務調査で認められやすくするためには、外部の専門家を利用し、適正に時価を算定することが望ましい。

次に、②資産の譲渡を行ったことが仮想行為であるとして否認される可能性があるか否かという点については、会計上、資産の譲渡損の計上が認められる取引において、法人税の計算のみにおいて、資産の譲渡が仮装行為であるとして否認することは難しいと考えられるため、会計上、資産の譲渡損の計上が認められる取引であるのか否かという点のみが問題になってくる。

会計上の観点からすると、法的形式のみならず、経済的実態としても資産の所有権が移転していることが重要になってくることから、実際の実務において問題になるのは、市場性の無い有価証券をグループ企業に売却する場合には名義書換えを行わないケース等が考えられ、不動産をグループ企業に売却する場合には、譲渡した資産をリース・バックすることにより、継続して使用するケース等が考えられる。従って、グループ企業に対して、市場性の無い有価証券や不動産を譲渡する場合には、上記の点に留意しながら、資産の譲渡損が計上できるように処理することが重要になってくる。

5．簿外負債の確定

法人税の計算上、償却費以外の費用で事業年度終了の日までに債務が確定しないものについては負債として認められていない（法法22③二）。そのため、退職給与引当金、賞与引当金については、原則として負債として計上することができないため、実際の債務に比べて負債の金額が低く評価されてしまっている。その結果として、相続税の類似業種比準価額の計算における簿価純資産価額も高く評価されている。

また、この考え方に対応して、相続税の計算における時価純資産価額の計算においても、債務として認められるものは、法人税の計算上、負債として認められるものに限られている（財基通186）。

さらに、会計監査の適用を受けていないオーナー会社においては、税法基準により決算書を作成していることが多いため、実態純資産の調査を行うと会計上の負債の金額と実態純資産の計算における負債の金額が大きく乖離していることが一般的である。

そのため、ここでは、会計上の負債の金額と実態純資産の計算における負債の金額の乖離をどのように解消していくのかについての解説を行う。

簿価純資産価額、時価純資産価額の引下げ

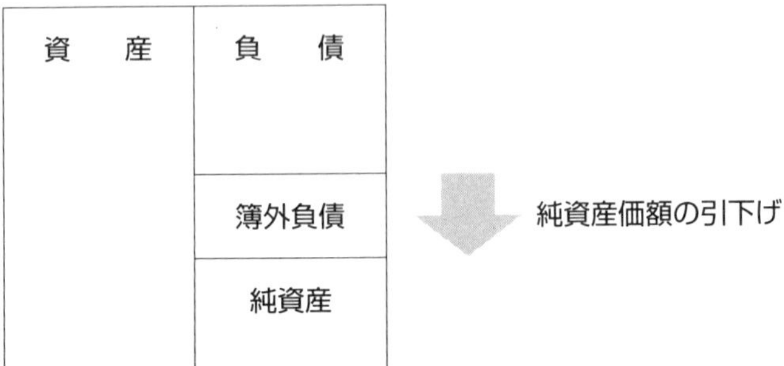

(1) 賞与引当金

法人税法上、賞与引当金は負債として認められていない。そのため、原則として、賞与を支払った日の属する事業年度において損金の額に算入することになる。

しかし、以下の条件を満たす場合には、賞与を支払う前であっても、従業員に対して賞与の支給額の通知をしていれば、未払賞与として負債の計上が認められている（法令72の５二）。

> イ．支給額を、各人別に、かつ、同時期に支給を受けるすべての従業員に対して通知をしていること
> ロ．イの通知をした金額を当該通知をしたすべての従業員に対し当該通知をした日の属する事業年度終了の日の翌日から１月以内に支払っていること
> ハ．その支給額につきイの通知をした日の属する事業年度において損金経理をしていること

そのため、事業年度末までに、従業員に賞与の支給額の通知を行い、かつ、１カ月で従業員に対して賞与の支給を行わなければならない。しかし、賞与の支給額はその会社の業績に左右されるため、未払賞与の計上が認められるような形にするためには、事業年度末までに業績の見込みとそれに対応する従業員の賞与の金額を決定しなければならないことから、月次決算と業績予想を速やかに、かつ、正確に行える体制を整える必要があると考えられる。しかし、それが可能な体制を整えている企業も少数派ではあるが、存在していることから、決して不可能な話ではないと考えられる。

※：なお、その会社の業績に関係なく、決算賞与を支払うことによって類似業種比準価額の計算における利益金額を大幅に引き下げることができるため、対象会社の株式の相続税評価額を減らした時点で株式の贈与又は譲渡を後継者に対して行うという手法も考えられるが、会社から賞与の金額に相当する現金が支出されてしまうという点と、本来であれば賞与の支払いについては従業員に対する様々な人事政策の一環として行われるものであるという点を考えると、実際にこの手法を行うことができる場面は限定的であると考えられる。

(2) 退職給与引当金

平成14年度税制改正により退職給与引当金が全廃され、現在、その経過措置として資本金が1億円以下の中小企業では過去に積み立てた退職給与引当金の取崩しが行われている（大企業では取崩しが完了している）。

しかし、法人税の計算において退職給与引当金を計上していなくても、会社の債務として、退職給与引当金が存在することは事実であり、事業承継後において支給が見込まれている退職金の金額については、後継者の負担となることから、実態純資産の調査においても重要な検討事項となる。

一般的に、歴史の長い会社になればなるほど、従業員に対する退職給与引当金の金額は多額になることが多いにもかかわらず、相続税の計算上、類似業種比準価額においても、時価純資産価額においても負債として認められないことから、相続税評価額が不当に高く評価されているという印象を受ける税務専門家や経理担当者も少なくない。

そのため、法人税法上、退職給与引当金に相当する金額について損金の額に算入し、かつ、相続税法上、退職給与引当金に相当する金額について、株価の引下げを行うことは非常に重要な問題になると考えられる。

なお、具体的な方法としては、退職金の打切支給による方法と外部拠出による方法と2つが考えられる。

❶ 退職金の打切支給による方法

① 基本的な考え方

まず、一番単純な解決策は、退職給与規程を廃止又は改定し、従業員に対して退職金の打切支給を行うという方法である。この方法を採用した場合には､退職金の打切支給を行った事業年度で多額の損金が発生するため、法人税の課税所得を圧縮することができるともに、相続税の計算上、類似業種比準価額と時価純資産価額の引下げが可能になる。さらに、退職給与規程を廃止したり、縮小したりする場合には、毎年の給与の引上げを同時に検討することが一般的であるため、退職金を支給した後にすぐに株式を移転しない場合であっても、類似業種比準価額の利益金額の引下げの効果が期待できる。具体的には、下記を参照されたい。

	X０期	X１期	X２期	X３期
予想利益	150	160	170	180
給与の引上げ	―	△10	△10	△10
退職金の支払い	△100	―	―	―
修正後利益	50	150	160	170

上記のケースでは、退職給与規程の見直しによって給与が引き上げられていることから、X１期、X２期及びX３期における予想利益が10ずつ減少している。

そのため、類似業種比準価額における簿価純資産価額は退職金の支払いで100減少し、かつ、時価純資産価額も退職金債務が確定することから100減少している効果が期待できるのと、X１期からX３期における類似業種比準価額の計算における利益金額も10ずつ引き下げることが可能になっている。

しかし、将来の業績に大きな不安材料が無い会社であれば、退職給与規程の見直しについては、従業員との間の軋轢が生じる可能性が高いことから、従業員が納得できる形での退職給与規程の見直しを行う必要があるため、新しい給与や退職金に関する規定の内容やその見直しの手続きをどのように行うのかについて、かなり慎重な対応が必要になってくる。

また、将来の業績が不透明な会社であれば、退職金の打切支給を受けるということについては、従業員の不満が起こりにくいが、将来の会社の業績に対する不安感から、優秀な従業員の流出が起きる可能性があるため、それを回避できる形で退職給与規程の見直しを検討する必要がある。

そのため、法人税対策、相続税対策のために、退職給与規程を見直す場合には、会社の人事政策を含めて、慎重な対応が必要になる。

② 相続税対策以前に問題になることが多い事例

従業員に対する退職給与規程については、過去の拡大路線の頃の退職給与規程がそのまま継続していることが多いことから、現状に相応しくない多額の退職金の負担を会社に負わせるケースが少なくない。

そのような多額の退職金債務を会社が負っている場合には、後継者がその退職金の支払いについて責任を負うことを意味するため、相続税対策の問題を検討する以前に、このような過大な退職金債務の問題は早期に解消することが必要になる。

このような場合には、退職金を打切支給した上で、会社の身の丈にあった新しい退職給与規程を作り直すことが望ましいと考えられる。なお、退職給与規程の見直しは従業員の反発や様々な軋轢が生じる可能性があるが、会社の身の丈に合わない退職給与規程の存在は、将来における大きな不安要素となるため、後継者に対して事業を承継させる前に解決しておく必要がある。

無論、退職金の打切支給をきっかけとして、従業員が会社を退職したり、従業員のモチベーションが喪失したりしないように、従業員との間で十分な話合いを行った上で、解決しておく必要がある。

③ 従業員における課税関係

退職金の打切支給を行った場合には、従業員が退職していないことから、所得税の計算上、退職所得として取り扱われず、給与所得として取り扱われるケースが多い（所基通30－1）。

給与所得として取り扱われた場合には、従業員における所得税及び住民税の負担が増加するため、その税負担の増加額を会社と従業員のいずれが負担すべきであるかという点について問題になることが多い。税法上は従業員が負担すべきものであるが、会社側の理由による打切支給であることから、会社側が負担した方が今後の従業員との関係を考えると望ましいのではないかという考え方もあり得るからである。

また、会社が負担した場合には、税法上、従業員が負担すべきものを会社が負担したわけであるから、その部分についても従業員に対する給与として取り扱われるため、グロスアップ計算が必要になってくる点に留意が必要である。

❷ 外部拠出による方法

これに対し、従業員に対して、退職金の打切支給を行わなくても、外部の退職金制度への拠出を利用するという選択肢も考えられる。具体的には、中小企業退職金共済制度、確定給付年金、確定拠出年金、生命保険契約等が挙げられる。

しかし、それぞれの制度には一定の制約が設けられており、問題の全てを解決できるだけのものではない事案が多いことや、過去の退職給与引当金相当額の全てを一度に損金の額に算入することができない事案が多いことから、退職金の打切支給や退職給与規程の見直しと合わせて検討した方が望ましいことが多い。

なお、通常の退職金の打切支給と異なり、中小企業退職金共済制度、確定拠出年金制度等への移行による従来の退職給与規程の改正に伴って退職金の打切支給をした場合には、退職金を支払った後に従業員が引き続き勤務するときであっても、従業員の所得税の計算上、給与所得ではなく、退職所得として取り扱うことができるケースが考えられるため（所基通30－２）、実務上、慎重に対応されたい。

6．会計方針の変更

法人税の計算において、販売費及び一般管理費の計上方法を変更することで、早期に損金処理が可能になるケースがある。

販売費及び一般管理費を早期に認識した場合には、法人税の課税所得を短期的に圧縮することができることから、相続税の計算においても、類似業種比準価額の利益金額と簿価純資産価額を圧縮することが可能になる。

(1) 前払費用

法人税基本通達２－２－14、２－２－15においては、以下のケースにおいて前払費用として認識せずに、損金処理することを認めている。ただし、下記の処理については継続適用が要請されているという点に留意が必要である。

① 前払費用（一定の契約に基づき継続的に役務の提供を受けるために支出した費用のうち当該事業年度終了の時においてまだ提供を受けていない役務に対応するものをいう）の額でその支払った日から１年以内に提供を受ける役務に係るものを支払った場合において、その支払った額に相当する金額を継続してその支払った日の属する事業年度の損金の額に算入している場合

② 事務用消耗品、作業用消耗品、包装材料、広告宣伝用印刷物、見本品その他これらに準ずる棚卸資産（各事業年度においておおむね一定数量を取得し、かつ、経常的に消費するものに限る）の取得に要した費用の額を継続してその取得をした日の属する事業年度の損金の額に算入している場合

(2) 未払金、未払費用

実態純資産の調査を行った結果として、未払金及び未払費用の計上漏れが発見されることがある。これは、オーナー企業の中には毎期の決算処理における経費の処理が適切に行われておらず現金主義に近い形で費用を認識している

ケースがあることと、多数の経費処理が行われていることから経費の計上漏れがあり、翌期の損金の額に算入してしまっているケースも多いからである。

このような場合には、毎期の決算処理における経費の処理を適切に行えるようにすることで、早期に損金処理が可能になるため、法人税の節税を行うとともに、相続税の計算における類似業種比準価額の利益金額と簿価純資産価額を圧縮することが可能になる。

7．事業の合理化

事業計画の策定を行っている場合に不採算事業の存在が明らかになることが多い。また、支店の統合の必要性、過剰人員の問題、その他の財務的な問題点が明らかになることも多い。

このような場合には、事業の合理化を行うことで、経常利益やキャッシュフローを改善することができるため、その検討が必要になると考えられる。

そして、事業の合理化を行った場合には、以下のような特別損失が発生することが一般的である。

① 固定資産の除却
② 各種契約の解約に伴う繰延資産の未償却残高の損金算入
③ 賃貸借契約、リース契約の解除に伴う違約金の支払い
④ 従業員の解雇に伴う退職金の支払い

なお、このような事業の合理化に伴う特別損失については、ほとんどのケースにおいて、法人税法上、当該事業の合理化を行った事業年度で損金の額に算入することができることから類似業種比準価額の利益金額を減少させることができるが、その翌事業年度からは経常利益やキャッシュフローが改善することから利益金額が増加することが考えられる。

また、簿価純資産価額や時価純資産価額が事業の合理化により減少したとしても、事業の合理化により、かなり短期間のうちに、簿価純資産価額や時価純資産価額が回復することも予想されるため、株価を引き下げた直後に株式を後継者に贈与又は譲渡しないと、逆に相続税評価額が高くなってしまうという問題がある。

しかし、この点については、事業が合理化して経常利益が改善しているのであるから、不当に相続税評価額が高く評価されているわけではないことからも

やむを得ないと考えることもできるし、経常利益の拡大により金融機関からの資金調達が容易になっていることから納税資金を用意できるだけの財務体力ができていることからもやむを得ないと考えることもできる。

事業承継対策を行う際に、大きなジレンマとなるのは、会社の経常利益が拡大すれば拡大するほど相続税評価額が高くなってしまうため、経常利益が悪化した方が良いのではないかという考え方にすらなってしまうという点である。

しかし、事業承継の基本的な考え方は、会社の事業を存続させることであり、その一要素として相続税の節税戦略があることから、会社の経常利益やキャッシュフローを改善することができるのであれば、相続税の増加を上回るだけの経済的メリットを享受することができることから、相続税が高くなってしまっても構わないという考え方をむしろ採用すべきであり、相続税の節税のために会社の事業を悪化させるのは採るべき選択肢ではないと考えられる。

また、事業の合理化による損失が発生し、利益金額が引き下げられたことにより相続税評価額が下がった時点で株式の移転ができるのであれば、相続税の節税と事業の合理化という２つの目的を同時に達成することができるため、タイミングを合わせた方が望ましいことは言うまでもないが、事業の合理化は可能な限り早く進めるべきであることから、相続税の節税戦略のために、そのタイミングを遅らせるのはあまり望ましいことではないため、この点についても、経営者の判断が非常に重要になってくる。

8. 債務超過の子会社の清算

(1) 総論

債務超過の子会社を清算した場合には、子会社株式が消却されるとともに、子会社の債務超過部分を親会社が引き受ける必要が生じるため、親会社において多額の損金が発生する。そのため、法人税の計算において、課税所得を圧縮させる効果が認められる。

さらに、相続税の計算における類似業種比準価額を算定するための利益金額と簿価純資産価額を引き下げる効果も期待できる。

また、債務超過の子会社に対して、何ら処理を行わなかった場合には、相続税の時価純資産価額の計算上、子会社に対する貸付金については額面評価されてしまうことが多く、かつ、保証債務についても負債として認められないことが多いため、子会社の清算に伴い、子会社の債務超過部分を引き受けた場合には、相続税の計算における時価純資産価額を引き下げる効果も期待できる。

そのため、債務超過の子会社があり、事業を存続させる価値が無い場合には、その清算を検討する必要がある。

(2) 問題の所在

債務超過の子会社を清算する場合において、子会社の債務超過部分を親会社が引き受けたときは、親会社において貸付金の貸倒れ、保証債務の履行、追加コストの負担が求められる。このような場合に、法人税法上、損金の額に算入することができるか否かが問題になることが多い。

(3) 特別清算により貸付金が切り捨てられた場合

法人税基本通達9－6－1(2)では、特別清算の手続きにより、債権が切り捨てられた場合には、貸倒損失として損金に算入することができることが明らかにされている。従って、回収不能なことが明らかであるにもかかわらず、追加の貸付けを行ったような場合を除き、原則として、子会社の特別清算に伴って生じた貸倒損失については、法人税法上、損金の額に算入することができると考えられる。

(4)　通常清算により貸付金が切り捨てられた場合

法人税基本通達9－6－1(2)では、特別清算を行った場合の貸倒損失の損金性について定められているが、通常清算を行った場合の貸倒損失の損金性について定められていない。そのため、課税当局の中には特別清算を行った場合には貸倒損失の計上が認められるが、通常清算の場合には慎重な検討が必要になるという考え方を採用している人達が少なからず存在するため、実務的には、特別清算手続きの方が課税当局との間の無用な争いを避けることができるため、望ましいと考えられる。なお、特別清算を行った場合の風評リスクを懸念される経営者の方が多いが、社会通念上、特別清算手続きなのか、通常清算手続きなのかという点については、取引先、仕入先、金融機関及び従業員の誰も気にしていないことが一般的であり、親会社の経営が存続することと、外部の人に迷惑をかけない形で清算手続きを行うということの説明がきちんとできていれば、通常清算手続きでなく、特別清算手続きを採用した場合の風評リスクというのはそれほど大きくは無いと考えられる。

(5)　回収不能なことが明らかであるにもかかわらず、追加の貸付けを行った場合

前述の通り、子会社を清算したことにより発生した貸倒損失については、損金の額に算入することができる。しかし、回収不能なことが明らかであるにもかかわらず貸付けを行ったような場合には、貸付金の貸倒れを予想して貸付けを行ったわけであるから、当該貸付金の切捨てにより生じた損失については、原則として、寄附金として損金の額に算入することができないと考えられる。

しかし、「(7)　親会社が子会社の清算のための追加コストを負担する場合」で解説する内容と回収不能なことが明らかであるにもかかわらず支出をしたという意味では何ら変わらないため、(7)で解説するように、法人税基本通達９-４-１に該当する場合には、子会社整理損失として損金の額に算入することができると考えられる。

(6)　保証債務の履行を行う場合

親会社が子会社の連帯保証を行っていた場合には、当該債務超過の子会社の清算により、親会社がその保証債務を履行する責任が生じる。そのため、(3)、(4)で解説した内容と同様に、原則として、損金の額に算入することができると考えられる。

ただし、(5)で解説した内容と同様に、保証債務の履行が明らかであるにもかかわらず、子会社の債務の保証を行った場合には、寄附金として損金の額に算入することができないと考えられるが、(7)で解説するように、法人税基本通達９-４-１に該当する場合には、子会社整理損失として損金の額に算入することができると考えられる。

(7)　親会社が子会社の清算のための追加コストを負担する場合

子会社を清算する場合において、子会社に清算のための追加コストが必要な場合や債権者に対する弁済を親会社が代わりに行う必要がある場合には、それにより生じた損失の額について、法人税法上、寄附金に該当せず、損金の額に算入することができるのかという点が問題になりやすい。

この点については、法人税基本通達９-４-１が規定されており、「法人がその子会社等の解散、経営権の譲渡等に伴い当該子会社等のために債務の引受けその他の損失負担又は債権放棄等をした場合において、その損失負担等をしなければ今後より大きな損失を蒙ることになることが社会通念上明らかであると認められるためやむを得ずその損失負担等をするに至った等そのことについて相当な理由があると認められるときは、その損失負担等により供与する経済的利益の額は、寄附金の額に該当しないものとする」ことが明らかにされている。

一般的に債務超過の子会社を清算する場合には、上記の通達に該当するケースがほとんどであることから、ほとんどのケースにおいては、損金の額に算入することができると考えられる。

その結果、債務超過の子会社の清算に伴って、法人税の課税所得を圧縮するとともに、相続税の計算上も類似業種比準価額と時価純資産価額の引下げが可能になると考えられる。

9．債務超過の子会社の再生

(1) 総論

債務超過の子会社を再生させるために、親会社が子会社に対して債権放棄等の損失負担を行った場合には、親会社において多額の損金が発生する。そのため、法人税の計算において、寄附金等に該当しない限り、課税所得を圧縮させる効果が認められる。

さらに、相続税の計算における類似業種比準価額を算定するための利益金額と簿価純資産価額を引き下げる効果も期待できる。

また、子会社の債務超過に対して、何ら処理を行わなかった場合には、子会社に対する貸付金については額面評価されてしまうことが多く、かつ、保証債務についても負債として認められないことが多いため、子会社に対する債権放棄や債務引受け等の損失負担により、子会社の債務超過部分を引き受けた場合には、相続税の計算における時価純資産価額を引き下げる効果も期待できる。

そのため、債務超過の子会社がある場合には、当該子会社の再生をどのように行い、どのように親会社が損失負担を行うのかを検討する必要がある。

(2) 問題の所在

❶ 親会社における問題

債務超過の子会社を再生させるために、親会社が子会社に対して債権放棄等の損失負担を行った場合には、親会社から子会社に対する寄附金として取り扱われる可能性がある。この点については、「**3．(3) 不良債権の処分**」で解説したように、寄附金として取り扱われたとしても、類似業種比準価額の計算要素である簿価純資産価額の引下げが可能になるし、時価純資産価額の引下げも可能になるため、寄附金になっても構わないという考え方もあり得る。

しかし、「**3.(3)　不良債権の処分**」と本質的に異なるのは、自社の子会社の再生であることから、再生手続きをコントロールすることができるため、あえて寄附金となる方法を選択しなくても、法人税法上、損金として認められる方法を選択するべきであると考えられることから、ここでは、法人税法上、損金の額に算入することができ、かつ、相続税における類似業種比準価額の計算要素である利益金額の引下げを可能にするにはどのようなことを検討すべきであるかについて解説を行う。

❷　子会社における問題

債務超過の子会社が債務免除等を受けた場合には、債務免除益が発生するため、法人税等の負担が発生する。そのため、子会社における再生の過程で法人税等の負担をどのように減らしていくのかという点が問題になりやすいため、ここでは、子会社における税務上の取扱いについての解説も行う。

(3)　子会社の再生のための手法

子会社を再生させるための手法としては、主として、以下の3つの手法が考えられる。

①　債権放棄、債務引受け ②　増資 ③　第2会社方式

以下、その具体的な方法についての解説を行う。

❶　債権放棄（又は債務引受け）

①　会計上の取扱い

債権放棄を行った場合には、会計上、親会社において貸倒損失が発生し、子会社において債務免除益が発生する。なお、債権放棄に代えて、債務引受けを行ったとしても類似の効果が生じる。

② 子会社における税務上の取扱い

そのため、子会社においては債務免除益の金額を上回るだけの法人税法上の繰越欠損金があれば特に問題にならないが、債務免除益の金額の方が繰越欠損金よりも大きければ債務免除益課税が生じる。従って、この手法を選択する場合には、子会社において債務免除益と相殺できるだけの損金があるか否かという点が重要になってくる。

※：資本金が1億円超の法人においては、事業税の外形標準課税における付加価値割の計算要素である「単年度損益」の計算が繰越欠損金控除前の課税所得を基礎に計算されるため、法人税法上、繰越欠損金があったとしても、事業税が課される可能性があるため、留意が必要である。

③ 親会社における税務上の取扱い

また、親会社においては、子会社に対する債権放棄を行うことから、原則として寄附金として取り扱うべきであるが、法人税基本通達9－4－2において、「法人がその子会社等に対して金銭の無償若しくは通常の利率よりも低い利率での貸付け又は債権放棄等をした場合において、その無利息貸付け等が例えば業績不振の子会社等の倒産を防止するためにやむを得ず行われるもので合理的な再建計画に基づくものである等その無利息貸付け等をしたことについて相当な理由があると認められるときは、その無利息貸付け等により供与する経済的利益の額は、寄附金の額に該当しないものとする」ことが明らかにされており、かつ、「合理的な再建計画」かどうかについては、「支援額の合理性、支援者による再建管理の有無、支援者の範囲の相当性及び支援割合の合理性等について、個々の事例に応じ、総合的に判断する」ことが明らかにされている。

しかし、実際の実務において、「合理的な再建計画」かどうかの判定については、明確な基準が存在するわけではないことから、個々の事案に応じて、課税当局に対して事前確認を行いながら検討していることが多いと考えられる。

なお、子会社に対する債権放棄が法人税基本通達9－4－2に該当するか否かの判断においては、国税局の審理課（東京、大阪の各国税局課税第一部）・審理官(札幌、仙台、関東信越、金沢、名古屋、広島、高松、福岡、熊本の各国税局課税（第一部))、沖縄国税事務所では法人課税課又は調査課で事前相談を行うことが可能である。

❷ 増資

① 会計上の取扱い

親会社が子会社に対して金銭出資を行った場合には、会計上、親会社において有価証券の取得価額として処理された直後に有価証券の評価損が計上され､子会社において資本金又は資本準備金の増加として取り扱われる。なお、子会社に対して増資を行い、当該増資により払い込んだ金銭をもって子会社に対する借入金の回収を行う方法、すなわち、「擬似 DES」を採用した場合においても類似の効果が生じる。

② 子会社における税務上の取扱い

法人税法上、増資により払い込まれた金銭の額は、資本金等の額の増加額として取り扱われる（法令８①一)。その結果、増資による手法を選択した場合には、「**❶ 債権放棄（又は債務引受け）**」による手法を選択した場合と異なり、債務免除益課税の問題は生じない。

しかし、住民税均等割の計算は、それぞれの支店ごとに従業員数と資本金等の額を基礎に税額が算定されることから､資本金等の額の増加に伴い、住民税均等割の金額が増加することがある。

また、会社法上の資本金の額が１億円を超える場合には、外形標準課税の適用対象になるため、資本金等の額の増加に伴い、事業税資本割の金額が増加することになる。

なお、減資により、会社法上、資本金を欠損填補に充当したとしても、法人税法上､資本金等の額と利益積立金額の相殺を認めていないことから、法人税法上の資本金等の額を減少させることはできないため、留意が必要である。

さらに、上記のほか、増資については、登記事項であるため、増加資本金の1,000分の7について登録免許税が課されるという点に留意が必要である。

③　親会社における税務上の取扱い

親会社が赤字子会社に対して金銭出資を行った場合には、増資により払い込んだ金額については、有価証券の取得価額として処理される。しかし、当該増資により払い込んだ金額を増資直後に有価証券評価損として損金の額に算入することは認められていないため（法基通9－1－12）、「**❶　債権放棄（又は債務引受け）**」による手法と異なり、親会社において損金の額に算入することはできない。

これに対し、相続税における時価純資産価額の計算においては、貸付債権や保証債務ではなく、子会社株式として評価を行うことになることから、額面金額により評価する必要がないため、子会社の債務超過部分を子会社株式の評価を通じて時価純資産価額の計算に織り込むことが可能になる。しかしながら、類似業種比準価額の計算においては、利益金額の引下げも簿価純資産価額の引下げもできないという問題点が残る。

❸　第2会社方式

債務超過会社を再生させる手法として、第2会社方式を採用することがある。第2会社方式とは、新会社を設立し、当該新会社に債務超過会社の資産とそれに相当する負債を移転させる手法である。その結果、債務超過会社には親会社からの借入金が残るため、清算結了に伴い、債務超過会社に残った親会社からの借入金は切り捨てられることになる。

この手法は、「**❶　債権放棄（又は債務引受け）**」による手法、「**❷　増資**」による手法と異なり、事業譲渡という手法を利用することから、事業譲渡における税務上の取扱いについて、追加的に検討すべき事項がある。

①　会計上の取扱い

債務超過会社の清算に伴い切り捨てられた親会社からの借入金について

は、親会社において貸倒損失が計上される。

また、新会社の貸借対照表では、資産の時価に相当するだけの負債の金額を受け入れるため、債務超過が解消される。

② 子会社（旧会社）における税務上の取扱い

ⓐ 法人税法上の取扱い

子会社（旧会社）から新会社に対して事業譲渡を行った後、旧会社は清算することが予定されている。そのため、このような場合には、解散日までに事業譲渡を行うのか、解散日の翌日以降に事業譲渡を行うのかによって法人税法上の取扱いが異なってくるため、その有利不利の検討が必要になってくる。

なぜならば、解散を行った場合には解散日でみなし事業年度を区切り、解散日までは通常の課税所得の計算を行い、解散日の翌日以降は清算所得の計算を行うからである。すなわち、事業譲渡益が発生するケースと事業譲渡損が発生するケースに分けて解説すると以下のようになる。

(イ) 事業譲渡益が発生する場合

解散日までに事業譲渡を行った場合には、通常の課税所得の計算の中で事業譲渡益が認識されるため、繰越欠損金の繰越期限が到来しているなどの理由により、繰越欠損金が十分に無かった場合には、債務超過であるにもかかわらず、事業譲渡益が繰越欠損金を超える場合がある。

これに対して、解散の翌日以降に事業譲渡を行った場合には、清算所得の計算の中で事業譲渡益が認識される。清算所得の計算は、原則として、株主に分配される残余財産の価額から、その解散の時における資本金等の額と利益積立金等の額との合計金額を控除した金額として計算される（法法93①）。そのため、資産の含み益を加味しても債務超過である場合には、株主に分配する残余財産が存在しないため、清算所得は発生しないという結論になる。

そのため、債務超過会社から新会社に対する事業譲渡を行った場合において、事業譲渡益が発生し、かつ、当該事業譲渡益が繰越欠損金の金額を超えると見込まれている場合には、解散日の翌日以降に事業譲渡を行った方が望ましいと考えられる。

(ロ) 事業譲渡損が発生する場合

解散日までに事業譲渡を行った場合には、通常の課税所得の計算の中で事業譲渡損が認識される。そのため、繰越期限が到来したことにより繰越欠損金が存在せず、かつ、最終事業年度において経常利益が発生している場合には、当該利益と事業譲渡損とを相殺することができる。

さらに、解散を行った場合には、繰戻還付の制度が認められているため、最終事業年度の前事業年度で発生した利益と最終事業年度で発生した繰越欠損金とを相殺し、最終事業年度の前事業年度で支払った法人税の繰戻還付を行うことができる（法法80④）。

これに対して、解散の翌日以降に事業譲渡を行った場合には、清算所得の計算の中で事業譲渡損が認識されるため、当該事業譲渡損を利用した繰戻還付の適用を受けることができない。

そのため、債務超過会社から新会社に対する事業譲渡を行った場合において、事業譲渡損が発生し、かつ、当該債務超過会社に法人税法上の繰越欠損金の金額が存在しない場合には、解散日までに事業譲渡を行った方が望ましいと考えられる。

ⓑ 消費税法上の取扱い

債務超過会社（旧会社）から新会社に対して事業譲渡を行った場合には、消費税の課税取引に該当する。

なお、事業譲渡を行った場合には、譲渡資産に課税資産だけが含まれているわけではなく、非課税資産（例えば、土地など）が含まれていることが多いことから、債務超過会社（旧会社）において非課税売上が増加した結果、課税売上割合が引き下げられ、仕入税額控除の金額が減少することがある。

③　子会社（新会社）における税務上の取扱い

ⓐ　法人税法上の取扱い

事業譲渡により、債務超過会社（旧会社）は新会社に対して資産及び負債を時価で移転することになるため、事業譲受けにおける譲渡対価の金額が移転した資産及び負債の時価純資産よりも大きい場合には、その差額について資産調整勘定（のれん）として処理される（法法62の８①）。

資産調整勘定を認識した場合には、資産調整勘定を５年間の均等償却を行って、各事業年度の損金の額に算入することができるため（法法62の８④、⑤）、新会社の課税所得を圧縮することができる。

しかし、事業譲受けにおける譲渡対価の金額が適正な時価よりも高額であると認められる場合には、新会社から旧会社への寄附金とみなされるため、その部分については、資産調整勘定と認められず、新会社において損金の額に算入することができない。

そのため、第２会社方式を採用する場合において、のれんとしての価値を加味して事業譲渡を行うときは、のれんの時価の妥当性について十分な証拠資料を備えておく必要がある。

ⓑ　消費税法上の取扱い

(ｲ)　免税事業者になることができるか

第２会社方式を行う場合には、新会社を設立してから事業譲渡を行うのが一般的であることから、設立後２年未満の会社を受皿会社として事業譲渡を行うことが多い。

この場合、基準期間（２年前）における課税売上高が存在しないことから、自動的に基準期間における課税売上高が1,000万円以下の法人に該当し、免税事業者になることができるが、資本金が1,000万円以上である場合には特例が定められており、強制的に課税事業者に該当することとされている。

そのため、新会社を免税事業者にしたい場合には、資本金を1,000万円未満にしておく必要がある。

(ロ) 簡易課税を選択することができるか。

基準期間（2年前）における課税売上高が存在しないことから、自動的に基準期間における課税売上高が5,000万円以下の法人に該当し、簡易課税を選択することができる。

また、(イ)と異なり、資本金が1,000万円以上である場合の特例が定められていないことから、簡易課税を選択することが可能になる。

(ハ) 仕入税額控除

旧会社（債務超過会社）からの事業譲受けについては課税仕入れに該当することから、以下のように取り扱われる。

1）課税事業者（本則課税）の場合

- 課税売上割合が95%以上であれば、課税仕入れに係る消費税の全額について、仕入税額控除を取ることができる。
- 課税売上割合が95%未満であれば、課税仕入れに係る消費税のうち、一定の計算を行った後の金額について、仕入税額控除を取ることができる。

2）課税事業者（簡易課税）の場合

- 一般的に事業譲受けを行うと多額の課税仕入れが発生するにもかかわらず、課税売上に一定の割合を乗じた金額のみについて仕入税額控除を取ることができるため、本則課税に比べて、不利になることがある。

3）免税事業者の場合

- 仕入税額控除を取ることができないため、課税仕入れが課税売上の金額を上回ったとしても、消費税の還付を受けることができない。

ⓒ 不動産取得税の取扱い

事業譲受けにより、新会社が不動産の所有権を取得した場合には、固定資産税評価額の1,000分の40について、不動産取得税が課される（地法73の2①、73の15、73の21）。

ただし、平成20年３月31日までの建物の取得については1,000分の35、平成21年３月31日までの土地の取得については1,000分の30まで税率が軽減されており（地法附則11の２、地法H18改正附則８⑪）、かつ、平成21年３月31日までの宅地及び宅地比準土地の取得については、課税標準が固定資産税評価額の２分の１まで軽減されている（地法附則11の５）。

ⓓ　登録免許税の取扱い

事業譲受けにより、新会社において新たに登記や登録等が必要になる場合には、登録免許税が発生する。

例えば、土地、建物を取得した場合には、不動産に係る所有権移転登記が必要になるため、それぞれ固定資産税評価額の1,000分の20について登録免許税が課される（登法別表第１一(二)ハ）。ただし、土地の所有権移転登記については、平成18年４月１日から平成20年３月31日まで行われる所有権移転登記については、固定資産税評価額の1,000分の10まで軽減されている（措法72①）。

さらに、所有権移転登記以外にも登記や登録が必要になるケースがあるため、そのような場合には、それぞれの規定に基づいて登録免許税が課されるという点に留意が必要である。

その他、会社設立や支店の設置に係る商業登記等についても登録免許税が課されることがある。

ⓔ　その他の税目

上記のほかにも印紙税、自動車取得税、その他の税目についての負担が課される可能性があるため、個別の事案に応じて、どのような税目について負担が課されるかについての慎重な判断が必要になる。

④　親会社における税務上の取扱い

本来であれば、旧会社（債務超過会社）が清算していることから、当該清算により生じた損失については、「**８．債務超過の子会社の清算**」で解説したように、法人税法上、損金の額に算入することができると考えられる。

しかし、実質的に旧会社と新会社が一体と考えられるような場合には、「**❶　債権放棄（又は債務引受け）**」による手法と同様に、法人税基本通達9－4－2に該当しない限り、寄附金として損金の額に算入することができないと考えられている。また、実務上、旧会社と新会社が一体とみなされ、否認されている事例も数多く存在する。

実際に損金の額に算入することができるか否かについては、「**8．債務超過の子会社の清算**」で解説したように、実務上の判断が非常に難しい箇所になるため、慎重な対応が必要になる。

⑤　事業譲渡に代え、会社分割を採用した場合

第2会社方式を行った場合には、事業譲渡に伴って旧会社のリストラや不採算部門の切捨てを行うことを希望することが多いため、会社分割ではなく、事業譲渡による方式を選択することが多い。しかし、会社分割を選択することも理論的には可能であるし、実際に行われている案件も存在するため、以下では、会社分割を行った場合における税務上の取扱いについての解説を行う。なお、親会社における税務上の取扱いについては、事業譲渡であっても会社分割であっても、清算により債権が切り捨てられるという点は変わらないため、ここでは、子会社（旧会社と新会社）についての税務上の取扱いのみについての解説を行う。

ⓐ　子会社（旧会社）における税務上の取扱い

(イ)　法人税法上の取扱い

分割法人である子会社（旧会社）が清算することが見込まれていることから、一般的に適格要件を満たすことができないと考えられている。そのため、法人税法上、非適格分割として取り扱われることが一般的であることから、分割法人から分割承継法人に対して資産及び負債を時価で移転すると考えられるため、基本的には事業譲渡における取扱いと変わらない。

また、解散のタイミングについての論点も事業譲渡と同様であると

考えられるため、法人税における税務上の取扱いについては、基本的には事業譲渡と同じであると考えることができる。

(ロ)　消費税法上の取扱い

会社分割により第2会社方式を行う場合には、新設分割により事業を移転させる方法と、ペーパー会社を設立してから当該ペーパー会社に対して吸収分割により事業と移転させる方法の2つが考えられる。いずれの方法を採用したとしても、会社分割については、消費税法上、課税対象外取引として取り扱われるため、新会社に対する資産及び負債の移転については消費税が課されない。

ⓑ　子会社（新会社）における税務上の取扱い

(イ)　法人税法上の取扱い

「ⓐ　子会社（旧会社）における税務上の取扱い」で解説したように、第2会社方式において会社分割を利用した場合には、非適格分割として取り扱われることが一般的であるため、事業譲渡における取扱いと同様に時価で資産及び負債を認識することになる。また、資産調整勘定についての取扱いについても事業譲渡における取扱いと同様である。

(ロ)　消費税法上の取扱い

会社分割により第2会社方式を行う場合には、新設分割により事業を移転させる方法と、ペーパー会社を設立してから当該ペーパー会社に対して吸収分割により事業と移転させる方法の2つが考えられる。いずれの方法を採用したとしても、会社分割については、消費税法上、課税対象外取引として取り扱われるため、新会社に対する資産及び負債の移転については消費税が課されない。

また、会社分割における消費税法上の論点として問題になることが多いのは、(a)免税事業者になることができるか否かという論点と、(b)簡易課税を選択することができるか否かという論点の2点であるため、以下、その具体的な内容についての解説を行う。

(a) 免税事業者になることができるか否か

分割承継法人である新会社が免税事業者になることができるか否かについては以下のように判定する（消法12、消令23、消基通1－5－6の2）。

1）新設分割を行った場合

- 分割承継法人の基準期間に対応する期間における分割法人の課税売上高が1,000万円未満である場合には免税事業者になることができる。

2）吸収分割を行った場合

- 分割承継法人の基準期間における課税売上高が1,000万円未満であり、かつ、
- 分割承継法人の基準期間に対応する期間における分割法人の課税売上高が1,000万円未満である場合には免税事業者になることができる。

従って、事業譲渡と異なり、基準期間における分割法人（旧会社）の課税売上高を加味して判定されるため、免税事業者に該当するケースは稀であると考えられる。

(b) 簡易課税を選択することができるか否か

分割承継法人である新会社が簡易課税を選択することができるか否かについては以下のように判定する（消法37、消令55、消基通13－1－3の4）。

1）新設分割を行った場合

- 分割承継法人の基準期間に対応する期間における分割法人の課税売上高が5,000万円未満である場合には簡易課税を選択することができる。

2）吸収分割を行った場合

- 分割承継法人の基準期間における課税売上高が5,000万円未満である場合には簡易課税を選択することができる。

このように、新設分割を行った場合には基準期間における分割法人（旧会社）の課税売上高を加味して判定されるため、簡易課税を選択することができるケースは稀であると考えられる。

しかし、吸収分割を行った場合には分割承継法人である新会社の課税売上高のみで判定を行うため、簡易課税を選択することができるケースが多いと考えられる。さらに、事業譲渡と異なり、会社分割による資産の移転は課税対象外取引として取り扱われるため、多額の仕入税額控除の金額が発生しないと考えられるため、簡易課税を選択した方が有利になるケースも存在すると考えられる。従って、吸収分割を行う場合には、消費税法上、簡易課税を選択するか否かの検討が必要になってくるという点に留意が必要である。

(ハ)　不動産取得税の取扱い

会社分割により、分割承継法人は不動産を取得することになるため、事業譲受けと同様に不動産取得税が発生する。

しかし、以下の非課税要件を満たした場合には、不動産取得税が課されない（地法73の７二、地令37の14）。

(i)　分割において分割承継法人株式以外の資産が交付されないこと

(ii)　分割型分割の場合には、非按分型分割型分割に該当しないこと

(iii)　分割事業に係る主要な資産及び負債が分割承継法人に移転していること

(iv)　分割事業に係る従業者の80％以上に相当する者が、分割後に分割承継法人の業務に従事することが見込まれていること

(v)　分割事業が分割承継法人において継続的に営まれることが見込まれていること

(ニ)　登録免許税の取扱い

会社分割により、新会社において新たに登記や登録等が必要になる場合には、登録免許税が発生する。

しかし、事業譲渡に比べて会社分割を選択した場合には登録免許税

が軽減されている。例えば、不動産に係る所有権移転登記については、平成18年4月1日から平成20年3月31日までの間に会社分割により取得した資産について、固定資産税評価額の1,000分の4まで軽減されており、平成20年4月1日から平成21年3月31日までの間に会社分割により取得した資産については、固定資産税評価額の1,000分の8まで軽減されている（措法81①、②）。

その他、会社設立や会社分割に係る商業登記等についても登録免許税が課される。

(ホ) その他の税目についての取扱い

上記のほかにも印紙税、自動車取得税、その他の税目についての負担が課される可能性があるため、個別の事案に応じて、どのような税目について負担が課されるかについての慎重な判断が必要になる。

10. 将来費用の先取り

事業計画の策定段階において、将来における修繕費の見積りを行うことが多いが、事業承継対策においても、修繕をどのタイミングで行うのかという点が重要になる。

なぜならば、法人税の計算において、資本的支出として処理されず、発生時の損金として処理される場合には、修繕を行った事業年度における課税所得が圧縮されるため、法人税の節税効果が期待できる。さらに、相続税の計算においても、利益金額が減少するとともに、簿価純資産価額も引き下げることが可能になるため、類似業種比準価額の引下げが可能になる。また、時価純資産価額の計算においても、損金処理されるような修繕によって家屋や償却資産の評価が高くなることはほとんどないため、時価純資産価額の引下げが可能になる。そのため、事業承継の前に修繕を行うことで、相続税の引下げが可能になると考えられる。

なお、このような考え方は修繕費だけでなく、その他の経費についても同じことが言える。つまり、事業承継の後に発生すると見込まれている経費を事業承継の前に発生させることによって、相続税の引下げが可能になるため、事業承継の前に必要な経費は発生させてしまった方が望ましい。

このように、法人税の計算上、修繕費やその他の経費を前倒しで発生させることができるのであれば、株価の引下げに有効な手段となるが、そのためには、将来のどの段階で修繕費等の経費が発生すると見込まれているのか、それを前倒しで行うことは可能なのか、前倒しで行った場合にどのような影響があるのか、前倒しで行った場合に経常利益はどの程度まで引き下げることが可能なのか、経常利益が引き下げられたことによる金融機関からの資金調達の影響はあるのか否かという点についての総合的な検討が必要になってくるため、将来の損益計算書とキャッシュフローの見込みを含めた事業計画の策定を十分に行った上で、実行することが重要になってくる。

なお、第１章で解説したように、税務対策のために経費を発生させる場合には、必要以上に経費を発生させてしまいがちであるが、あくまでも、将来において修繕等を早期に行うというレベルで留めないと無駄な支出を招くことになるため、相続税対策とはいっても、ある程度の経費削減とのバランスのもとに行うべきであることは留意が必要である。

事業計画の策定

・将来の課税所得の見込計算　⇒　減額すべき利益金額の把握
・将来のキャッシュフローの見込計算　⇒　使用できる経費の金額の上限を把握
・将来の修繕費や経費の発生見込み　⇒　先取り可能な経費を把握

↓

利益金額の引下げ

	X0年度	X1年度	X2年度
調整前利益金額	150	150	150
将来費用の先取り	△100	50	50
調整後利益金額	50	200	200

↓

この年度のみ利益金額が引き下げられる。

11. 設備投資の前倒し

将来の事業計画の策定において、設備投資をどの段階で行うのかということを検討することが多い。なぜならば、設備投資を行う場合には、現場サイドからは事業の効率化や売上の拡大のための設備投資の必要性を主張することが多いが、設備投資のための資金調達とその弁済計画を検討しなければならないため、設備投資の必要性とそのタイミングについては慎重な検討が必要になってくる。

また､耐用年数が満了しているような機械装置を使っている企業においては、現場サイドではいつ壊れるか分からないような機械装置を使っていることについての不安感や、同業他社に比べて効率性の悪い機械装置を使っていることについてのフラストレーションが溜まっているケースが多い。このような場合には、どこかのタイミングで機械装置の買換えを行わなければならないことは認識していたとしても、資金調達とのバランス上、機械装置の買換えを先送りしているケースも少なくない。

しかし、このような場合における経常利益の金額は、通常であれば、計上されるべき減価償却費が設備投資を先送りしていることにより発生していないことから、設備投資を行った直後に経常利益が激減することが予想される。そのため、減価償却費が少ないことによって多額に発生している経常利益については、企業の本来の収益力を表しているものではないと考えられるため、類似業種比準価額の計算要素である利益金額が不当に高く評価されていることに伴い、株式の相続税評価額が不当に高く評価されてしまっていることも少なくない。

その結果、機械装置の買換えを行った場合には、以下のように減価償却費が拡大することから、相続税の計算上、利益金額が減少するとともに、簿価純資産価額も引き下げることが可能になるため、結果として、類似業種比準価額を適正水準まで引き下げることが可能になる。さらに、機械装置の減価償却費の計上は定率法により行うことが一般的であることから、設備投資の初年度及び次年度における減価償却費が大きいことが多いと考えられるため、この時点における利益金額を大幅に減少させることも可能になる。

	x0期	x1期	x2期	x3期
予想利益	35	40	50	50
除却損失	10	—	—	—
減価償却費	20	10	5	3
修正後利益	5	30	45	47

※：平成19年度税制改正により、備忘価額を除く全額について減価償却を行うことが可能になったため、機械装置の買換えに伴って、x0期に多額の除却損失が発生するケースは減少してくると考えられる。しかし、平成19年度税制改正の経過措置により多少の残存価額が残っていることや、廃棄処理費用が必要になることなども考えると、除却損失の発生見込みを把握しておく必要はあると考えられる。

また、時価純資産価額の計算においても、財産評価基本通達上、機械装置の評価は類似の機械装置の新品の小売価額から、取得の時から課税時期までの期間の償却費の額の合計額を控除した額によって計算することとされていることから（財基通129、130）、定率法により償却を行う機械装置については、早期に時価が下がっていくことが考えられる。

そのため、事業承継対策の観点からは、事業承継後に必要となる機械装置の買換えやその他の設備投資を事業承継前に行うという考え方は十分に考えられる。しかし、事業承継対策のための設備投資を検討する際には、将来のどの段階で設備投資が必要になるのか、それを前倒しで行うことは可能なのか、前倒しで行った場合にどのような影響があるのか、前倒しで行った場合に経常利益はどの程度まで引き下げることが可能なのか、設備投資のための資金調達とその弁済は可能なのか否かという点についての総合的な検討が必要になってくるため、将来の損益計算書とキャッシュフローの見込みを含めた事業計画の策定を十分に行った上で、実行することが重要になってくると考えられる。

しかし、第1章で解説したように、税務対策のために設備投資を行う場合には、必要以上の設備投資を行ってしまいがちであるが、あくまでも、将来において必要となる設備投資を早期に行うというレベルで留めないと無駄な支出を招くことになるため、相続税対策とは言っても、事業上、最も望ましいレベルでの設備投資を検討し、その範囲内で設備投資を行うべきであることは留意が必要である。

また、機械装置の買換えやその他の設備投資を行うことにより、事業の効率性が良くなった結果として経常利益が改善され、利益金額の拡大とともに相続税評価額が高くなることも考えられるが、経常利益が拡大できる事業構造になったことは企業にとっては望ましいことであるため、相続税が増えてしまうことについてはやむを得ないと考えるべきであるし、経常利益の拡大により金融機関からの資金調達が容易になり、かつ、その弁済能力も高まっていることから納税資金を用意できるだけの財務体力ができているため、相続税の節税よりも、機械装置の買換えやその他の設備投資による経常利益の改善を優先させるべきであると考えられる。

さらに、機械装置の買換えやその他の設備投資を行うことにより経常利益が改善することが見込まれていたとしても、設備投資を行った事業年度においては、定率法により多額の減価償却費の計上が見込まれていることや、古い設備の除却損失が発生することから、単年度で見た場合には利益金額が引き下げられることが一般的であることから、設備投資に伴い相続税評価額が下がった時点で株式の移転ができるのであれば、相続税の引下げと設備投資による経常利益の改善の両方の目的を達成することができると考えられる。

12. オーナーに対する貸付金の解消

(1) 総論

オーナー企業の中には、オーナーの住宅購入資金のためにオーナーに対して貸付けを行っているケースがある。

また、会社で支出すべきでないような経費については、オーナー企業からオーナーに対して貸付けを行って、オーナーの名で経費の支出を行っているケースも少なくない（コンプライアンスが厳しくなっている現在の環境下では、このような経費の支払いを行っているケースは減少しているが、過去において支出した金額が貸付金や仮払金として残っているケースは多数存在する）。

さらに、会社の財布とオーナーの財布の区別が明確化されていないケースでは、オーナーに対する仮払金や立替金が積み重なって、多額の金額になってしまっているケースも存在している。

上記のいずれのケースにおいても、オーナーの感覚としては会社から借入れを行っているという感覚がほとんどないことが多いため、実態純資産の調査において問題になることも多いし、金額を伝えるとオーナーの認識と大きく乖離しているケースがほとんどである。

この点について、弁済のつもりのない貸付けだったのだから貸付けの段階で役員賞与とすべきであるという考え方もあり得るが、そもそも、何年も前に貸借関係が発生しているケースがほとんどであるから、事業承継対策の段階でそのようなリスクを検討しても仕方がないことがほとんどである。

このようなケースにおいて、オーナーに対する貸付金をどのように考えるべきであるかという点であるが、会社からオーナーに対する貸付金が多額に残っている場合には、事業承継後の借入金の弁済の義務を後継者が負うことになることから、あまり望ましくないと考えられる。

そのため、オーナーに対する貸付金の回収を検討すべきではあるが、一般的にオーナーの預金残高だけでは回収は不可能であるケースがほとんどであることから、オーナーに対する役員退職慰労金と相殺するという手段が考えられる。例えば、オーナーに対する貸付金が２億円であり、オーナーに対する役員退職慰労金が３億円であるとすれば、差額の１億円のみを支給し、残りの２億円については借入金の弁済に充てるという考え方である。

その結果、法人税法上、オーナーに対する役員退職慰労金が損金の額に算入されるため、法人税の節税効果が期待できる。また、相続税の計算上、類似業種比準価額の計算要素である利益金額を減少させることができ、かつ、簿価純資産価額も引き下げることが可能になる。さらに、上記のケースでは、貸付金が２億円減少し、現金が１億円減少するため、時価純資産価額の引下げも可能になる。

これに対して、オーナーでは退職所得として所得税が課されるが、退職所得の課税所得が役員退職慰労金から退職所得控除を控除した金額に２分の１を乗じて計算することから（所法30）、所得税、住民税の最高税率（50％）が課されたとしても、実効税率が25％であると考えられる。そのため、オーナーにおける所得税、住民税の負担があるといっても、会社における法人税等の実効税率（約40％）に比べて実効税率が低いため、法人税の節税戦略としてオーナーに対する役員退職慰労金の支払いは有効であると考えられる。

なお、役員退職慰労金を支払う場合において、法人税法上、役員賞与又は過大役員退職慰労金に該当した場合には、損金の額に算入することができなくなるため、留意が必要である。以下、その具体的な内容についての解説を行う。

⑵　役員賞与として取り扱われるリスク

役員退職慰労金とは、役員の退職に基因して支払われるものをいうため、退職する前に支払った場合には、役員賞与として取り扱われる。役員賞与として取り扱われた場合には、所得税の計算上、オーナーサイドでは退職所得ではなく給与所得として課税されてしまうことから約２倍の税負担になり、かつ、法人税の計算上、オーナー会社においても損金の額に算入することができなくなってしまうことから、何ら節税効果が期待できなくなるという問題が生じる。

そのため、オーナーの退職時点において役員退職慰労金を支払うのが最善の方法であり、また、役員退職慰労金による利益金額の引下げのタイミングと後継者への株式の異動のタイミングを一致させるという意味でも望ましいと考えられる。

しかし、オーナーの個人的な理由から、早期に役員退職慰労金の支給を受けたいというケースも多い。このような場合には、法人税基本通達９－２－23、所得税基本通達30－２に規定する要件を満たした場合には、実際に退職する前であっても、役員賞与ではなく、役員退職慰労金として認められることから、その要件を満たせるようにする必要がある。

具体的な要件は以下の通りである。

【役員退職慰労金として認められるための要件】

役員に対し役員退職慰労金として支給した場合には、その支給が、例えば次に掲げるような事実があったことによるものであるなど、その分掌変更等によりその役員としての地位又は職務の内容が激変し、実質的に退職したと同様の事情があると認められることによるものである場合には、これを役員退職慰労金といて取り扱うことができる。

(イ) 常勤役員が非常勤役員（常時勤務していないものであっても代表権を有する者及び代表権は有しないが実質的にその法人の経営上主要な地位を占めていると認められる者を除く）になったこと

(ロ) 取締役が監査役（監査役でありながら実質的にその法人の経営上主要な地位を占めていると認められる者などを除く）になったこと

(ハ) 分掌変更等の後における報酬が激減（おおむね50％以上の減少）したこと

※：所得税基本通達では(イ)、(ハ)のみしか規定していないが、法人税基本通達において(ロ)を認めている趣旨を考えると、所得税法上も(イ)～(ハ)のいずれかを満たした場合には退職所得として認められると考えられる。

また、上記のほかにも、役員を退任し、使用人（例えば、顧問）になる場合には、役員としての委任契約が解除され、使用人としての雇用契約を結ぶことになることから、原則として、役員としての退職の事実が認められるため、みなし役員等に該当しない限り、役員退職慰労金として認められると考えられる。

しかしながら、実務上、分掌変更等により役員としての地位が激変したと言いながらも、実際には何ら変わっていないようなケースも少なくなく、そのような場合には、上記の通達の適用を受けることができないと考えられる。

そのため、実際の実務においては、形式だけでなく、実質的にも上記の通達の要件に該当することができるように、オーナーの権限・責任の範囲を限定し、実質的に退職したと同様の事情があると認められる状況にする必要があるという点に留意が必要である。

(3)　過大役員退職慰労金として取り扱われるリスク

法人税法上、役員退職慰労金のうち、不相当の高額なものについては、損金に算入することができない（法法34②）。そのため、類似業種比準価額の計算要素である利益金額を引き下げるためには、過大役員退職慰労金に該当しないように処理する必要がある。

また、過大役員退職慰労金として否認を受けないための適正な役員退職慰労金の金額がいくらなのかという点については、実務上、功績倍率法により計算しているケースが多い。功績倍率法による計算式は以下の通りである。

【功績倍率法】

役員退職慰労金の適正額＝最終報酬月額×勤続年数×功績倍率

この場合の功績倍率をいくらにするのかについては、代表取締役社長に対しては、功績倍率として３倍～４倍の数値を使っていることが多いと考えられるが、個別事案によって異なってくるため、実務上は、慎重に判断されたい。

また、最終報酬月額の金額は、適正な役員報酬の金額である必要があるため、過大役員報酬として否認を受ける可能性がある場合には、単純に計算すると、過大役員退職慰労金として否認を受ける可能性も生じるという点に留意が必要である。

⑷ 補足

なお、例えば、３億円の役員退職慰労金の支給の結果として、類似業種比準価額の計算要素における利益金額を激減させることができるため、短期的には株式の価値を大きく下げることができる。

しかし、株式の価値を引き下げた時点で株式の譲渡又は贈与を行わず、ある程度の期間が経過してから株式の譲渡又は贈与を行った場合には、利益金額の減少は短期的であることから、類似業種比準価額がそれほど減少しないことも考えられるため、株式の価値が１億円しか減少しないことも考えられる。

このような場合には、オーナーが保有する財産（株式）の価値が１億円減少し、債務（借入金）の価値が３億円減少するため、結果として、相続税の課税標準が２億円増加してしまうケースも考えられる。しかし、そうであっても、後継者が会社からの借入金の弁済義務を多額に負ってしまう状況は財務的には望ましいことではないし、かつ、後継者が精神的な負担を負うことによる事業への悪影響を考えると回避した方が望ましいと考えられるため、オーナーへの貸付金の回収に伴い、相続税が増加してしまうようなケースでは、他の手法による相続税の節税と組み合わせながら、総合的に相続税が減少するような方法を検討していく必要があると考えられる。

第4章

債務超過会社における相続税と事業承継対策

1．債務超過会社における相続税法上の問題点

相続税法上、純資産価額方式により計算した結果、債務超過である会社の株式についてはゼロ円で評価する。そのため、債務超過５億円の会社であっても、△５億円として評価するのではなく、ゼロ円で評価することになる。

これに対し、被相続人であるオーナーから債務超過会社に対する貸付金については、原則として、元本部分については券面額により評価されることになる(財基通204)。なお、貸付金の全部又は一部が、回収が不可能又は著しく困難であると見込まれるときにおいては、それらの金額は元本の価額に算入しないことができるとされているが（財基通205)、債務超過であるという程度の理由では、券面額により評価せざるを得ないケースが多く、実際の回収可能見込額よりも多額に評価されてしまうケースが少なくないという点に留意が必要である。

そのため、債務超過５億円の会社に対する貸付金が７億円ある場合には、オーナーと会社を総合して考えると差額の２億円しか財産が無いにもかかわらず、相続税の課税標準の計算では、株式ゼロ円、貸付金７億円として評価されることから、実際の時価に比べて高い課税標準の金額となってしまうため、不当に高額な相続税が課されるという問題点がある。

さらに、被相続人の会社に対する連帯保証債務についても、原則として債務として控除することが認められていない。相続税法基本通達14-3では、「主たる債務者が弁済不能の状態にあるため、保証債務者がその債務を履行しなければならない場合で、かつ、主たる債務者に求償して返還を受ける見込みがない場合には、主たる債務者が弁済不能の部分の金額」について、債務として控除することが認められているが、単に債務超過であるという程度の理由では、債務として控除することが認められていないため、債務超過５億円の会社の株式のほかに個人財産が７億円あるような場合には、会社の連帯保証債務を考慮に

入れると２億円の財産しかないにもかかわらず、相続税の課税標準の計算では、個人財産７億円、債務ゼロ円として評価されることから、実際の時価に比べて高い課税標準の金額となってしまうため、不当に高額な相続税が課されるという問題点がある。

このように、何も対策を行わない状況下では、債務超過会社の債務超過部分と個人財産の資産超過部分を相殺することが難しいため、このような債務超過会社に対する事業承継対策については、債務超過会社の債務超過部分と個人財産の資産超過部分をどのように相殺できるようにするのかという点がポイントになる。

単純な方法としては、会社の債務超過が５億円であり、個人財産が７億円である場合には、個人財産のうち５億円を債務超過会社に贈与すれば、個人財産は２億円まで減少する。これに対して、会社が贈与を受けたとしても、会社の純資産価額が△５億円からゼロ円になるだけなので、株式の相続税評価額はゼロ円のままである。

このように、オーナーから債務超過会社に対する贈与を行った結果として、債務超過会社の債務超過部分と個人財産の資産超過部分を相殺することができると考えられる。そのため、被相続人が生きている間に債務超過会社の債務超過部分と個人財産の資産超過部分との相殺を行う必要がある。

しかし、オーナーの個人財産を法人に対して拠出するという点については、様々な税務上の問題点を検討しなければならないため、本章ではその具体的な方法と税務上の論点についての解説を行う。

2．具体的な対策手法

(1) 債権放棄

オーナーが債務超過会社に対して貸付けを行っている場合には当該貸付金を債権放棄するという方法が考えられる。

しかし、この方法を採用した場合には、法人税の計算上、債務超過会社において債務免除益が発生するため、債務免除益の金額を超える繰越欠損金がある場合には、債務超過会社における繰越欠損金が減少するという程度ですむが、債務免除益の金額が繰越欠損金の金額を超える場合には、当該超える部分の金額については、法人税が課されることになるため、債権放棄を行う場合には、法人税法上の繰越欠損金の金額を把握しておく必要がある。

※：資本金が１億円超の法人においては、事業税の外形標準課税における付加価値割の計算要素である「単年度損益」の計算が繰越欠損金控除前の課税所得を基礎に計算されるため、法人税法上、繰越欠損金があったとしても、事業税が課される可能性があるため、留意が必要である。

また、オーナーの所得税の計算においても、オーナーの給与所得や退職所得と相殺することが難しいため、債権放棄によりオーナーサイドで生じる損失については、所得税法上のメリットを享受することができないと考えられる。

(2) 私財提供

❶ 債務超過会社における法人税、住民税及び事業税

オーナーが債務超過会社に対して私財提供を行った場合における債務超過会社における法人税法上の取扱いについては、「(1) **債権放棄**」と同じである。

❷ 債務超過会社における消費税

消費税の課税対象となるのは、対価を得て行われる取引に限られるため、無償による資産の譲渡、すなわち、私財提供については、消費税の課税対象とならない（消基通５−１−２）。

そのため、債務者企業において、私財提供の対象となった財産の取得に対して、仕入税額控除を取ることができないと考えられる。

❸ オーナーにおける所得税

オーナーが所有する不動産等の財産を私財提供の対象資産とした場合には、時価で譲渡を行ったものとして、譲渡所得の計算を行う必要がある（所法59①）。つまり、売却収入が全く無いにもかかわらず、譲渡所得課税がされるという問題が生じる。

(3) 増資

❶ 債務超過会社における税務上の取扱い

債務超過会社において、増資により払い込まれた金額は、資本金等の額として取り扱われる（法令８①一）。その結果、増資を行った場合には、(1)、(2)と異なり、債務超過会社において債務免除益課税などの問題は生じない。従って、法人税法における債務超過会社の繰越欠損金の取扱いを考えると、増資による手法の方が望ましいと考えられる。

しかし、住民税均等割の計算は、それぞれの支店ごとに従業員数と資本金等の額を基礎に税額が算定されることから、資本金等の額の増加に伴い、住民税均等割の金額が増加することがあるため、留意が必要である。

また、会社法上の資本金の額が１億円を超える場合には、外形標準課税の適用対象になるため、事業税資本割の金額が増加すると考えられる。

なお、減資により、会社法上、資本金を欠損填補に充当したとしても、法人税法上の資本金等の額を減少させることはできないため、留意が必要である。

さらに、上記のほか、増資については、登記事項であるため、増加資本金の

1,000分の７について登録免許税が課されるという点に留意が必要である。

❷ オーナーにおける税務上の取扱い

債務超過会社に対して増資を行ったとしても所得税法上の問題は生じないが、増資資金を調達するために個人財産を譲渡した場合において、譲渡益が発生している場合には、オーナーの所得税の計算上、譲渡所得として課税される。

⑷ 第２会社方式

債務超過会社を再生させる手法として、第２会社方式を採用することがある。第２会社方式とは、新会社を設立し、当該新会社に債務超過会社の資産とそれに相当する負債を移転させる手法である。その結果、債務超過会社にはオーナーからの借入金が残るため、清算結了に伴い、債務超過会社に残ったオーナーからの借入金は切り捨てられることになる。

また、債務超過会社に金融機関からの借入金が残る場合には、オーナーが保証債務を履行することになる。

そのため、⑴～⑶の方法と同様に、会社の債務超過と個人の資産超過を相殺する効果が期待できる。しかし、⑴～⑶の方法と異なり、事業譲渡という手法を利用することから、事業譲渡における税務上の取扱いについて、追加的に検討すべき事項があるが、具体的な内容については、「第３章　**9．債務超過の子会社の再生**」で解説した子会社における税務上の取扱いと変わらないため、こちらを参照されたい。

さらに、保証債務の履行によりオーナー個人が負担すべき借入金の金額が大きい場合には、オーナーが保有している資産を譲渡することにより借入金の圧縮を検討することがある。このような場合に、オーナーが保有している資産に含み益があるときは、原則として、譲渡所得として課税される。

しかし、所得税法上、保証債務を履行するために資産の譲渡を行った場合において、その履行に伴う求償権の全部又は一部を行使することができないときは、その行使することができない金額について、譲渡がなかったものとして取り扱うという特例が定められているため（所法64②）、この特例を利用して譲渡所得を圧縮するという選択肢も考えられる。なお、この特例が適用できるか否かについては詳細な要件が課されており、かつ、旧会社と新会社が実質的に一体であると認定された場合には、本特例の適用を受けることができないことも考えられるため、実務上、慎重な対応が必要である。

3．個人財産を考慮に入れても債務超過である場合

被相続人が会社経営に失敗し、多額の負債を抱えたまま死亡した場合には、その負債の責任を誰が負うのかという問題がある。

債権者の立場からは被相続人の子に負担してもらいたいと考えるのが一般的であるが、子の立場からするとあまりに多額の負債を相続することは、あまりに不合理であると考えるのが当然であり、相続財産に相当する金額まで減らしたいと考えるのが一般的である。

また、被相続人の子が事業を承継する場合には、引き続き債務超過会社の連帯保証人になることを債権者から要請されることが一般的であるが、弁済不能な連帯保証債務を承継することは、将来的な自己破産のリスクを引き継ぐということであり、あまり望ましいことではないと考えられる。

そのため、会社の事業を存続させるつもりがあるのであれば、被相続人が生きている間に対策を取る必要があり、被相続人が死亡した後に対策を取ろうとしても、選択肢が狭まってしまうケースがほとんどである。ここでは、個人財産を考慮に入れても債務超過である場合における相続における税務上の問題と生前の対策方法についての解説を行う。

(1) 民法上の相続における取扱い

実際の実務において、被相続人の借入金や保証債務等が相続財産を上回っている場合には、相続人は①単純相続、②限定承認、③相続放棄の３つの手法のいずれかを選択することになる。

❶ 単純相続

相続人が単純相続を選択した場合には、被相続人の財産だけでなく債務をも承継することになるため、相続財産をもって相続債務を弁済することができな

い場合には、自己固有の財産をもって弁済する必要がある(民法920)。しかし、単純相続を選択した場合には、相続人が被相続人の借入金や保証債務等に対する責任を負うことになるため、相続人の負担を考えると望ましい選択肢ではないと考えられる。

なお、次に掲げる場合には、相続人は原則として単純相続したものとみなされるため、留意が必要である（民法921）。

イ．相続人が相続財産の全部又は一部を処分したとき

ロ．相続人が３カ月以内に限定承認又は相続放棄をしなかった場合

ハ．相続財産の全部若しくは一部を隠匿し、私にこれを消費し、又は悪意でこれを財産目録中に記載しなかったとき

❷　限定承認

相続人が限定承認を選択した場合には、相続によって得た財産を限度として被相続人の債務を承継することになるため、それを超える債務の金額については承継しないことができる（民法924）。

ただし、この方法は、相続人の全ての合意が必要であることから、実際に行われている事例は極めて限定的である（民法923）。

❸　相続放棄

相続人が相続放棄を選択した場合には、初めから相続人でなかったものとみなされるため、被相続人の財産を引き継ぐことができないが、債務を引き継がないことができる（民法938、939）。

(2)　相続税法上の論点

❶　単純相続

被相続人の債務が借入金であれば、相続税の課税所得の計算上、課税所得から債務として控除することができるため、相続税の負担が発生しない。

しかし、被相続人の債務が保証債務である場合には、相続税の課税所得の計

算上、課税所得から債務として控除することができないことが多いため、例えば会社の債務超過が５億円であり、被相続人の個人財産が３億円である場合には、両者を合算すると２億円の債務超過であるにもかかわらず、相続税法上、３億円の課税所得があると計算されてしまうという問題点が生じる。

つまり、相続人は被相続人の保証債務についての責任を負わなくてはならないし、保証債務を考慮すると債務超過であるにもかかわらず、相続税の負担が生じるという問題点が考えられる。

❷ 限定承認

限定承認を行った場合についても単純相続と同様の相続税法上の問題が生じる。

さらに、限定承認を行った場合には、所得税の計算上、被相続人において時価で譲渡を行ったものとして譲渡所得の計算を行う必要がある（所法59①一）。そのため、限定承認を行う場合には、相続税だけでなく、譲渡所得税についての問題についても検討が必要になる。

❸ 相続放棄

相続放棄を行った場合には、相続人は何ら資産を承継しないことから、相続税の問題は生じない。

しかし、相続人全員が相続放棄をした場合には、相続人が存在しないことになるため、相続財産の中に債務超過会社の株式が含まれているときは、民法上の手続きに基づく、相続財産の処分が終わるまで、主要株主が存在しないことになってしまうという問題点が生じる。そのため、実際の実務において、相続放棄を行う場合には、弁護士との相談を行った上で、債務超過会社の株式をどのように後継者に移転させるかを検討する必要がある。

(3)　生前の対策

❶　相続税対策

前述のように、個人財産を考慮に入れても債務超過である場合であっても、相続税や所得税の問題が生じることがあるため、被相続人（オーナー）が生きている間に対策を取ることが必要になる。

具体的な対策方法としては、事業譲渡又は会社分割により新しい会社に事業を移転させた上で、債務超過会社を特別清算する第２会社方式を採用するということが考えられる。

この方法を採用した場合には、第２会社方式により債務超過会社を特別清算することでオーナーの連帯保証債務を確定させることができる。すなわち、相続人からすると保証債務についての相続税法上の問題が無いことから相続税が課されない状態で事業の承継を行うことができる。

さらに、第２会社方式を行った場合における債務超過会社と新会社における税務上の取扱いについても問題になりやすいが、詳細については、「第３章 **9．債務超過の子会社の再生**」を参照されたい。

❷　過大な借入金のカット

しかし、個人財産を考慮に入れても債務超過である場合には、後継者が過大な借入金を承継することを意味するため、相続税の問題以前に、このような借入金を残したままでは後継者に過大な負担を負わせてしまう結果になりかねない。

そのため、上記の第２会社方式を行う際に、同時に金融機関からの債権放棄を依頼する必要があると考えられる。しかし、金融機関からすると、安易な債権放棄を行うことができないことから、かなり慎重な対応になることが予想される。

また、会社の保有する不動産のほとんどが担保に提供されているケースがほとんどであることから、新会社に事業を移転させるといっても、移転させない借入金に対する金融機関の根抵当権の解除が必要になるため、金融機関の協力が必要になってくる。

さらに、被相続人（オーナー）の連帯保証債務についての責任についても追及されることがほとんどであり、場合によっては、被相続人（オーナー）の自己破産ということにもなりかねない。

そのため、これらの問題を解決し、かつ、円滑な事業承継を行うためには、金融機関の協力を得ながら、債務超過会社の再生を行い、相続人への承継を行っていく必要があると考えられる。また、近年においては、産業活力再生特別措置法に基づく中小企業再生支援協議会が各都道府県に設けられており、かつ、民間における企業再生の専門家も増えてきていることから、これらを利用することも選択肢として必要であると考えられる。

【ストラクチャー実行前】

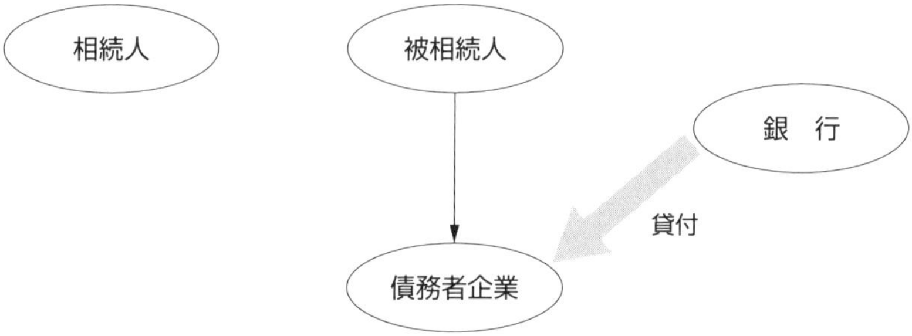

【ステップ１；新会社設立】

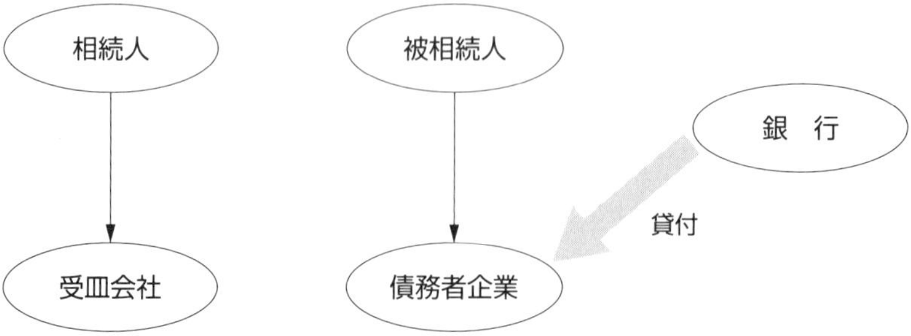

【ステップ２；事業譲渡】

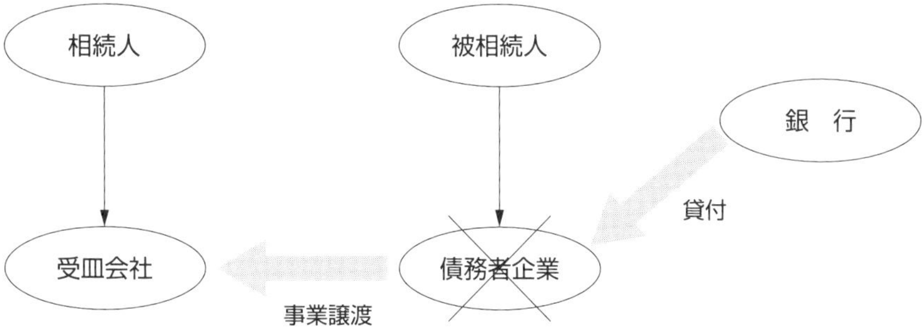

【ステップ３；保証債務の履行】

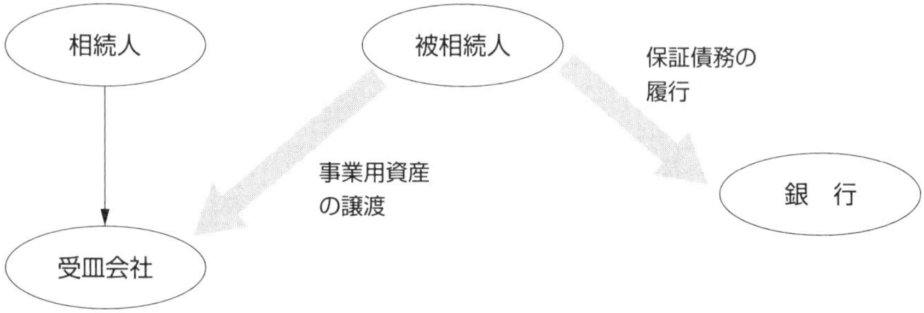

【著者略歴】

公認会計士　**福島　朋亮**（ふくしま　ともすけ）

1991年　慶應義塾大学経済学部卒業。同年監査法人トーマツ入所。

1994年　公認会計士登録。

2003年　デロイト トーマツ コーポレート ファイナンス株式会社（現デロイト トーマツ FAS株式会社）へ転籍。

2004年　独立開業

2005年　シーエーエヌコーポレートファイナンス有限会社（現FAソリューションズ有限会社）を設立、現在に至る。

【事務所概況】

〒103－0027

東京都中央区日本橋3丁目7番7号　小村ビル2F

FAソリューションズ有限会社

TEL；03－6225－5475

FAX；03－6225－5476

HP；http://www.fasolutions.net/

e-mail；tomosuke.fukushima@fasolutions.net

公認会計士
税　理　士　**佐藤　信祐**（さとう　しんすけ）

1999年　明治大学経営学部卒業。同年朝日監査法人（現あずさ監査法人）入社。

2001年　公認会計士登録後、勝島敏明税理士事務所（現税理士法人トーマツ）入所。

2005年　公認会計士・税理士　佐藤信祐事務所を開業、現在に至る。

【事務所概況】

〒112－0004

東京都文京区後楽2丁目3番11号　エヌケービル4F

公認会計士・税理士　佐藤信祐事務所

TEL；03－5840－7568

FAX；03－5840－7569

e-mail；shinsuke.sato@clock.ocn.ne.jp

不良資産処分による事業承継対策

2007年11月12日　発行

著　者　福島朋亮・佐藤信祐 ©

発行者　小泉　定裕

発行所　株式会社 **清文社** URL : http : //www.skattsei.co.jp/

東京都千代田区神田司町２の８の４（吹田屋ビル５F）

〒101-0048　電話 03(5289)9931　FAX 03(5289)9917

大阪市北区天神橋２丁目北２の６（大和南森町ビル）

〒530-0041　電話 06(6135)4050　FAX 06(6135)4059

亜細亜印刷株式会社

ISBN978-4-433-32127-7 C2034